LE DROIT

Éditions Dalloz
11, rue Soufflot, 75240 Paris cedex 05

CONNAISSANCE DU DROIT
collection dirigée par Jean-Luc AUBERT
Professeur à l'Université de Paris I

M

LE DROIT

PHILIPPE JESTAZ
Professeur à l'Université de Paris XII

2e ÉDITION

DALLOZ

1992

DANS LA MÊME COLLECTION

Parus

Les contrats administratifs, par Laurent Richer

Le Conseil constitutionnel, par Henry Roussillon

Le MATIF - Analyse juridique, par Marie-Christine de Nayer

Le cautionnement, par Laurent Aynès

La fonction publique, par Jean-François Lachaume

La responsabilité du médecin, par Jean Penneau

La Constitution française, par Bernard Chantebout

Les droits de l'homme, par Patrick Wachsmann

Les principes de la responsabilité civile, par Patrice Jourdain

Le contrat international, par Jean-Michel Jacquet

L'adoption, par Pascale Salvage-Gerest

Les principes fondamentaux du droit fiscal, par Jean Schmidt

Le droit européen des affaires, par Louis et Joseph Vogel

Le licenciement, par Antoine Jeammaud

Le droit français de la concurrence, par Yves Serra

L'arbitrage, par Christian Gavalda et Claude Lucas de Leyssac

A paraître

Le contrat de travail, par Raymonde Vatinet

Le procès civil, par Monique Bandrac

Le droit de grève, par Bernard Teyssié

Table des matières

Avant-propos

Qu'est-ce que le droit ? La question ne paraîtra simple qu'à ceux qui ne s'en posent aucune. Pour le profane, qui d'ailleurs s'en pose parfois, il s'agit peut-être d'un téléfilm poussif où des acteurs de second plan jurent de dire la vérité et rien qu'elle. Or le procès d'assises est un mauvais exemple : les magistrats s'y comportent davantage en policiers qu'en juges, le droit y joue un moindre rôle que la balistique. Au demeurant, la société — grâce aux dieux ! — compte beaucoup plus de murs mitoyens que d'assassinats et le procès en mitoyenneté illustrerait mieux le symbole du droit et de la Justice : celui de la *balance* où le juge pèse les intérêts en présence.

Reste que, si le procès plaît tant aux metteurs en scène, c'est qu'il constitue par lui-même une fabuleuse mise en scène, — même sans perruques. Les spécialistes, par un effet d'accoutumance, oublient de s'en étonner. Mais l'homme de la rue le sent d'instinct.

L'homme de bureau, quant à lui, voit dans le droit un amas de lois, décrets et autre arrêtés. Un corps de règles dans le meilleur des cas, un fatras dans le pire. Cette conception, en réalité, n'a rien d'absolu : elle reflète une société à la fois surdéveloppée et paperassière. Or, même à notre époque, il existe, en Afrique par exemple, des droits coutumiers, c'est-à-dire non écrits. En outre et pour autant que l'on sache, le juge a historiquement précédé la règle. Avant qu'il y eût des règles, coutumières ou écrites, il y avait un juge — plus ou moins mâtiné de sorcier, mais ce point d'ethnologie n'importe guère — pour arbitrer les litiges. La règle naquit, semble-t-il, des habitudes de ce juge et d'une certaine constance dans sa manière de trancher. Ainsi le premier réflexe, celui d'identifier le droit au procès, paraîtra plus profond que l'autre : il vient de plus loin.

Mais la fortune de la règle incite à redoubler d'étonnement : d'où vient que les mots ordonnent et décident, absolvent ou condamnent ? C'est, de toute évidence, que le phénomène linguistique traduit un phénomène de pouvoir. Or, si le droit est une forme de pouvoir, on doit admettre que le juge et la règle en constituent seulement la partie la plus visible. Et de fait, troisième sujet d'étonnement, nous baignons tous, consciemment ou non, dans une matière juridique plus ou moins dense selon les lieux. Même s'il subsiste des espaces vides de droit, nous agissons beaucoup selon le droit ou contre lui, donc sous sa possible emprise, et cette présence parfois insidieuse conduit à se demander si le droit n'est pas quelque chose comme un lien social, une éthique, une idéologie, un langage, une forme de communication, une civilisation peut-être. Si arides qu'elles paraissent, ses règles reflètent la société tout entière ou peu s'en faut. Mais comment percevoir ce reflet ? Placés au cœur de la nébuleuse juridique, nous imaginons mal l'aspect qu'elle peut avoir depuis la galaxie d'Andromède.

De surcroît, l'interrogation sur le droit en recèle une autre, plus délicate encore : le droit existe-t-il en soi, indépendamment des différents droits (français, américain, islamiques, etc.) ? Dans l'affirmative, il refléterait la société en soi ... Or peut-on honnêtement proposer un modèle explicatif du droit qui rendrait compte de tous les systèmes juridiques ? Qui vaudrait à la fois pour les Esquimaux ou la Rome antique, pour le Japon ou l'Inde, pour la France féodale ou la C.E.E. ? Et qui aurait même la prétention, par sa rationalité, de résister à l'épreuve que lui infligeraient les systèmes juridiques du futur ? On doit ici prendre garde à ne pas ériger en absolu les constatations, voire les aspirations, d'un occidental, français de surcroît et formé par les Facultés de son pays, laïque, individualiste et républicain, modérément réactionnaire, vivant dans la seconde moitié du XXe siècle, etc.

La difficulté de l'entreprise a de quoi décourager : du moins tablera-t-on sur l'indulgence du lecteur, acquise avant même que demandée. Et on se risquera, quoiqu'avec prudence. Deux convictions peuvent y aider.

L'une repose sur une constatation. Quelle que soit la diversité de leur contenu, les systèmes de droit se ressemblent au moins par leurs formes extérieures, pour ne pas dire leur formalisme. Pourquoi prend-on la peine de juger un malfaiteur pris sur le fait et qui ne nie même pas ? *Pour la forme*, c'est-à-dire par attachement à la forme même du procès et quitte à rendre plus ennuyeux encore le téléfilm de tout à l'heure dès lors que son issue ne fait guère de doute. Voilà déjà un premier point d'ancrage.

L'autre relève de l'anecdote. A se promener du côté du *Temple* londonien et de l'*Old Bailey*, on croise des gens de justice, en grand nombre et dont les différents types physiques (le magistrat en fin de carrière, le brillant collaborateur d'avocat) sont les mêmes que dans l'Ile de la Cité : le type juridique l'emporte sur le type français ou britannique. Pour les avoir ainsi modelés, le droit en soi doit probablement exister ! Si on ne l'avait pas cru, on aurait, comme l'écrit Laclos dans sa célèbre préface, supprimé tout à la fois la préface et le livre.

Lire aussi : J.-L. AUBERT, *Introduction au droit et thèmes fondamentaux du droit civil*, 4e éd., 1990 (*adde* : *Introduction au droit*, coll. « Que sais-je ? », 6e éd., 1990) ; J. GHESTIN et G. GOUBEAUX, *Droit civil, Introduction générale*, 3e éd., 1990 ; M. MIAILLE, *Une introduction critique au droit*, 1976 ; J.-L. SOURIOUX, *Introduction au droit*, 2e éd., 1990 ; F. TERRÉ, *Introduction générale au droit*, 1991.

CHAPITRE 1

Eléments d'une définition

Pour n'avoir pas à choisir entre concision et exactitude, on repoussera d'un cran l'exercice de la définition. Mieux vaut scruter, un à un, les éléments dont l'assemblage forme le droit. Il en est d'indispensables (section 1), d'autres sont quasi indispensables (section 2).

SECTION 1
Eléments indispensables

On en discerne trois : une forme de pouvoir social (§ 1) fondée sur un accord de non recours à la force (§ 2) et érigée en système (§ 3).

§ 1. *Une forme de pouvoir social*

Cela se démontre *a contrario* : Robinson dans son île n'a aucun besoin de droit. Que si, préférant le superflu au nécessaire, il souhaite tout de même en fonder un, le malheureux n'y parviendra jamais. Pour l'homme seul, la notion de droit n'a aucun sens. Robinson peut tout au plus se doter d'une morale, celle de ses pères ou celle qu'il aura créée lui-même. Le droit, lui, suppose la présence de l'autre : il n'a pas son siège dans le for intérieur, mais dans les rapports sociaux qu'il organise. Les juristes le disent en latin : *ubi societas, ibi jus* (là où il y a société, il y a droit). Ce n'est pas tout à fait exact. Les sociétés animales, les sociétés humaines très primitives connaissent des phénomènes de pouvoir, mais n'ont pas de droit, faute d'un langage suffisamment abstrait. Avant de développer le thème du langage (*infra*, § 2, A), il faut marquer l'originalité du pouvoir juridique par rapport aux autres pouvoirs sociaux : elle se révèle par différents caractères dont deux seront examinés d'emblée, qui ont trait respectivement aux objectifs du droit (A) et à sa manière de procéder (B).

A. Objectifs du droit

Que le droit serve à organiser les rapports de gouvernant à gouverné, cela relève de l'évidence. Qu'il régisse les rapports entre simples particuliers et par exemple la manière dont se vendent les immeubles ou se partagent les successions, c'est quand on y réfléchit beaucoup moins évident. A vrai dire, le pouvoir (au sens large du terme) pourrait bien se désintéresser de l'affaire à la double condition qu'elle se règle sans désordre et qu'elle demeure étrangère à son projet de société. Mais comme il manque souvent l'une au moins de ces deux conditions, le droit se fait envahissant ! Au passage, on aura discerné les deux objectifs du pouvoir juridique. L'un, très apparent, consiste à promouvoir la paix sociale, dont l'absence lui ôterait toute légitimité. L'autre, plus insidieux et éminemment politique, se propose de façonner la société dans le long terme. L'acte le plus important de la Révolution est sans doute, en matière successorale précisément, d'avoir supprimé droit d'aînesse et privilège de masculinité : par là, elle portait le coup de grâce à la société d'Ancien Régime.

« Le premier, disait Rousseau, qui ayant enclos un terrain s'avisa de dire : ceci est à moi, et trouva des gens assez simples pour le croire, fut le vrai fondateur de la société civile ». Autrement dit l'inventeur du droit. Il y a du vrai : le droit, pour une large part, établit un statut de la propriété et repose sur elle. Mais de bons esprits objectent que la sécurité des personnes vaut au moins autant que celle des biens : et de supposer, avec une bonne dose de vraisemblance, que la première règle de droit fut celle qui punit le meurtre. Pour Marx, le droit proprement dit sert à reproduire un certain système d'échange économique (le système capitaliste), — les autres règles relevant de ce qu'il appelle une simple hygiène sociale. Quant aux anthropologues, ils croient déceler la première manifestation du droit dans l'invention, fort abstraite bien qu'ancienne, des rapports de parenté, propres à charpenter le groupe social. Par delà ces divergences sur son centre de gravité, on retiendra que le droit régit ordinairement le statut et la sécurité des personnes et des biens, garantit la propriété dont il contrôle les modes de transmission et assure la police des échanges. Plus généralement il s'intéresse à toutes sortes d'activités privées comme les rapports de famille. Et encore — on allait presque l'oublier — à l'organisation de la puissance publique. Mais le fonctionnement de la société civile est considéré comme beaucoup plus typiquement juridique que celui de la société politique : il y aura lieu de méditer sur ce paradoxe (*infra*, section 2, § 3).

B. Procédés du droit

Comment procède le droit ? Par répartition des richesses, disaient les Romains. *Suum cuique tribuere* (rendre à chacun le sien), voilà l'emploi des juristes, du Parlement qui vote la loi comme du juge qui l'applique. Surtout du juge dont la décision départage les plaideurs par le tracé d'une ligne exacte entre leurs droits respectifs. Que l'on songe au partage d'une succession ou d'une communauté ! Pour être précis, le droit fixe la *part* de chacun, part qui peut être extra-économique (ex : le statut d'époux ou de citoyen) ou négative (l'impôt dû ou la fameuse dette à la société, que paie le délinquant). Mais là où les richesses au sens large ne sont pas limitées, le droit n'intervient plus : l'air qu'on respire (sauf à lutter contre la pollution), l'amour d'une mère (qui, à en croire Hugo, reste entier malgré le partage) ...

De nos jours, une importante doctrine voit plutôt dans le droit une prescription de conduites ou de comportements. Cette conception mélange le vrai et le contestable. Qu'il existe des règles directement prescriptives, on l'admettra volontiers : les obligations déclaratives (déclarer ses revenus, les naissances ou les décès), le Code de la route, les Codes de déontologie professionnelle en sont de bons exemples. Que d'autres règles soient indirectement prescriptives, on le concède aussi : en punissant le vol de prison, le législateur veut dissuader de le commettre. Encore que significative soit la formule utilisée qui à la lettre n'interdit pas l'acte, mais indique sa rétribution. D'une façon générale, il va de soi que les justiciables modèlent leur comportement en fonction du droit : le projet de loi de finances est à peine connu que, sans attendre le vote, les contribuables prennent déjà leurs dispositions, — qui d'ailleurs ne répondent pas forcément au vœu du législateur. Mais sous prétexte que le droit tend vers l'action, faut-il déformer la structure propre de la règle en y intégrant les comportements, souhaités ou pervers, qu'elle suscite et que cette structure n'impliquait nullement ?

Quand on décide que la veuve qui se remarie perd son droit à pension, c'est parce que la solution paraît juste et logique. En fait, chacun sait qu'elle pousse au concubinage. Et si nous voulons voir dans toute règle de droit une prescription de conduite, celle-là va nous plonger dans l'embarras ! En vérité il ne s'agit nullement de diriger la vie des veuves ni de quiconque, mais de régler un cas précis : payer ou ne pas payer ; et à cette fin déterminer si le besoin existe ou non. Quant à dire que l'organisme dispensateur de la pension doit avoir pour *conduite* de ne plus la verser en cas de remariage, c'est jouer sur les mots : la prétendue règle de conduite ne fait qu'énoncer autrement que la loi est obligatoire, ce dont tout le monde se doutait déjà.

En réalité, toute règle de droit ou presque entraîne un pouvoir pour l'un et un devoir pour l'autre. L'institution d'un espace de liberté (droit de grève ou d'association) emporte l'obligation de respecter cet espace ; réciproquement toute interdiction profite à quelqu'un. A mettre l'accent sur les conduites, on transformerait le droit en manifeste de la permissivité ou, à l'opposé, en code des devoirs. Mais la vision caporalisée et moralisatrice serait aussi réductrice que la libertaire. Mieux vaut dire que le droit délimite, attribue, organise. En veut-on d'autres exemples ? En instituant l'état-civil, le registre du commerce ou le cadastre, la loi fiche les personnes et les biens : c'est de la police au sens large. En formulant le statut de la société anonyme ou de la SARL, elle propose, au choix de l'usager, deux modèles d'organisation sociale. Ajoutons-y que les différents aspects se mélangent dans bien des cas : la fiscalité comporte un aspect de répartition (par définition), de police (contrôle par recoupement), de conduite à tenir (déclarations) et de simple modèle (faveurs incitatives). Plus subtil encore : le XXe siècle a vu l'apparition de règles semi-obligatoires, lois-cadres, lois de programme, directives souples ou recommandations qui combinent l'impératif, l'incitatif et la déclaration d'intention sans parler des cas de justice négociée par lesquels notre vision futuriste du droit renoue avec la pratique des sociétés traditionnelles. Les voies du droit, décidément, sont diverses.

§ 2. *Un accord de non recours à la force*

L'Etat de droit dans un certain groupe social implique que les membres de ce groupe renoncent à la force pour régler leurs différends. En d'autres termes, ils acceptent dans son principe l'application du droit, ce qui ne veut dire ni qu'ils en tiennent toutes les règles pour justes, ni qu'ils renoncent à changer le système : l'ouvrier qui, naguère, méditait de détruire le capitalisme en jouait du moins le jeu à titre provisoire dès lors que, par exemple, il plaidait contre son patron devant le conseil de prud'hommes. En revanche, les irréductibles Gaulois d'Astérix refusent en bloc l'ordre juridique romain avec lequel ils n'entretiennent que des rapports de force : tout au plus peut-on supposer qu'entre eux ils recourent au droit, c'est-à-dire à leur droit, constituant leur ordre juridique propre. Il n'y a en effet d'ordre juridique que dans la sphère où celui-ci se fait reconnaître. Bien entendu c'est une tout autre et trop vaste question que de savoir d'où le pouvoir en place tient sa légitimité ...

Quand on parle de non recours à la force, on ne vise ici que la force sauvage. Car il va sans dire que si un plaideur n'exécute pas la décision du juge, celui-ci aura recours à la force publique pour l'y contraindre. Mais il s'agit d'une force socialement canalisée et par là mise au service du droit. A cet égard, on observe que les agissements ordinairement tenus pour des voies de fait (meurtre, séquestration) deviennent des voies de droit (peine de mort, emprisonnement) quand l'autorité tenue pour légitime se les annexe, quand ils sont accomplis dans les règles, selon une procédure et sous le contrôle de l'appareil judiciaire.

Cela dit, l'absence de recours à la force sauvage a pour conséquence que les sujets de droit se battent avec des mots (A), au sein d'une instance officielle (B) et au nom de la justice (C).

A. Un phénomène linguistique

Ayant cantonné la force dans un rôle épisodique et feutré, le pouvoir juridique ne peut plus jouer que sur la persuasion. Le plaideur cherche à convaincre son juge et de même le juge, dans sa décision, veut convaincre les deux plaideurs qu'il a statué au mieux. Le législateur, quant à lui, se justifie plus brièvement (par un court exposé des motifs) ou pas du tout : l'essentiel est pour lui d'enfermer son monde dans des propositions brèves et impérieuses. Le droit, c'est aussi bien le langage concis de la règle que le discours abondant et insinuant des juristes.

En apparence, les mots n'ont pour fonction que de communiquer des informations. En réalité, ils influent sur le comportement d'autrui, partant ils servent à relayer des formes de pouvoir. Le droit est l'une d'elles, probablement la plus élaborée : cela tient à son caractère continu. Contrairement au commandement individuel (du type : « prenez la porte ! ») qui épuise ses effets dans l'instant, il s'exprime sous forme de règles qui ont vocation à s'appliquer un nombre de fois indéfini. La règle, a-t-on écrit, met en conserve le commandement individuel. De là une conséquence fondamentale : alors que le commandement n'a besoin que de mots simples (dehors ! out ! heraus !) ou même d'un signe linguistique plus sommaire (geste menaçant), il en faudra bien davantage pour légiférer sur l'expulsion. Imaginons une proposition du type « Toute personne qui occupe indûment le local d'autrui en sera expulsée ». Sous une apparence anodine, chaque mot pèse son poids d'abstraction (qu'est-ce qu'une personne, un local, etc. ?), sans parler du non-dit : l'expression « le local d'autrui » sous-entend la propriété, notion fondatrice s'il en fut. Cet exemple démontre aussi l'efficacité de l'abstraction. A défaut de notions aussi abstraites que la personne ou la propriété, le droit ne peut guère que balbutier. Encore les premiers balbutiements supposent-ils que le groupe social ait déjà dépassé le stade où chaque objet reçoit un nom particulier. Et ce groupe, même après l'invention du nom commun, ne connaîtra pendant une longue période que des phénomènes préjuridiques. En étudiant la technique du droit (*infra*, chap. 5), on verra qu'un droit perfectionné suppose une véritable structuration de l'univers par le langage et on mesurera que la diversité des systèmes juridiques est d'abord celle de Babel.

B. Une instance officielle

Quelle instance ? Le juge bien sûr, dont on reparlera (*infra*, section 2, § 1). De prime abord, on appelle droit ce qui a vocation à se débattre devant un juge. Mais le droit constitutionnel trouble cette belle certitude car il s'agit bien de droit, même dans les systèmes qui ne connaissent pas de juge constitutionnel (ex. : la France d'avant 1958).

Du moins la Constitution institue-t-elle des organes officiels : Président de la République, Conseil des ministres, assemblées, etc. lesquels en principe appliquent et respectent le texte fondateur. Et si la controverse surgit sur un point donné, le débat va s'instaurer tant au sein de ces organes que dans leurs rapports entre eux : débat d'idées et d'arguments, débat au nom du juste, très juridique par conséquent à cela près qu'il se déroule devant l'instance politique. Certes le recours à cette instance comporte alors le risque de voir triompher non la solution la meilleure en droit, mais celle que souhaite le parti dominant. Toutefois il se peut aussi, grâce au contrôle de l'opinion publique, que la solution la plus juridique l'emporte. Bref et en dépit de ses imperfections, nous sommes bien en présence d'une instance officielle, non d'un pouvoir de pur fait.

Il en va tout autrement pour les règles de mœurs, par exemple pour les règles de politesse, dont l'application alimente les conversations de salon, mais ne fait l'objet d'aucun débat dans une instance quelconque, même largement entendue. Ces règles n'ont donc aucun caractère juridique. Quant au jury d'honneur, c'est une imitation, officieuse mais orchestrée, du débat judiciaire. Lequel demeure l'instance juridique par excellence.

C. Une référence morale

Le droit, dit-on, est inséparable de la Justice. Entendons par là non que tout droit serait juste par essence, mais qu'il se donne pour tel. Même le texte le plus infâme (ex : le statut des Juifs sous Vichy) est présenté comme juste par ses auteurs. Mais comptons que le justiciable — dénomination significative — saura en appeler à la justice au-delà des apparences. Dans les faits, la notion de justice peut aussi bien préparer le triomphe de la morale que servir de masque à la force. Toutefois il serait peu scientifique de la réduire à l'un ou l'autre de ces deux aspects : angélisme et cynisme à bon marché procèdent au fond de la même naïveté. Sorti de ces cas extrêmes, on trouvera dans le droit des solutions plus ou moins justes, parfois hypocrites, toujours perfectibles, etc.

Si la justice est une composante irréductible du droit, c'est que seul l'appel à la notion de juste permet de justifier (tant pis pour la répétition !) qu'on laisse les colts au vestiaire. Que cet appel soit toujours entendu est une autre question. Mais qu'on puisse l'étouffer relève de l'illusion. En d'autres termes la justice n'est qu'une idée, avec les forces et les faiblesses inhérentes aux idées, mais l'idée du juste est un fait scientifiquement observable.

On s'épuiserait à chercher le contenu du juste. Malgré son génie, Aristote versa dans la tautologie quand il y vit l'art de rendre à chacun la part qui doit lui revenir selon d'harmonieuses proportions. Ce qui ne l'empêcha pas, donnant tête baissée dans les préjugés de son temps, de justifier l'esclavage par la nature inférieure du barbare. En vérité, ce qu'on appelle justice à un moment donné réside dans les valeurs du moment. Et à supposer qu'il existe des valeurs éternelles (du type : droits de l'homme), ce qu'on croit volontiers sans pouvoir le démontrer, la société met du temps à les découvrir sans parler de leur application effective ... D'ailleurs la difficulté consiste souvent à choisir dans un cas précis entre des valeurs également respectables : ainsi entre la liberté de la presse et le respect de certains secrets. En général, le choix dépend du *système* de valeurs dans son état actuel, donc de leur hiérarchie. Du moins peut-on poser quelques jalons à partir des demi-certitudes qui ont fini par s'imposer.

Primo : si la justice est une quête, le débat juridique y aidera puissamment. Il y a là un domaine où l'on se trompe beaucoup moins à plusieurs que seul et le juriste croit de toute sa foi aux vertus de la discussion, qui permet de trouver la solution la plus juste ou la moins injuste. Ainsi le droit n'est pas un oracle tombé d'on ne sait quelle bouche, mais un objet de controverse.

Secundo : la difficulté de dire où est la justice en général n'a d'égale que la facilité à découvrir l'injustice dans les cas particuliers. Le sens de l'injuste procède de l'intuition, voire de l'instinct, comme semble le prouver l'observation des comportements enfantins. Et la justice progresse — si elle progresse — par *a contrario* : elle se définit en creux tout au long des injustices commises. Jusqu'en 1975, le Code pénal punissait l'adultère de la femme et non celui du mari, — sauf entretien de concubine au domicile conjugal : quel puissant ferment d'égalité ! Toutefois il est *juste* de dire que cette solution n'était guère appliquée : elle servait surtout de prétexte à la classique plaisanterie de l'adultère commis sur le mur mitoyen (domicile conjugal ou pas ? Là est la question).

Tertio : à défaut d'un droit idéalement juste, du moins faut-il que le droit imparfait dont on dispose soit le même pour tous. La notion de règle générale et impersonnelle, garantie contre le favoritisme, s'explique autant par l'idée de justice que par la paresse ou l'habitude. Que tous soient pesés dans la même balance, qu'il n'y ait pas deux poids et deux mesures, voilà ce qu'on sait déjà sur la justice. Sauf à noter que l'égalité, qui en constitue la forme courante et imparfaite, consiste à traiter inégalement ce qui est inégal. Aristote l'a dit une fois pour toutes. De nos jours, l'impôt progressif l'illustre bien : les riches et les pauvres ne sont pas imposés au même taux, ce que pourtant chacun trouve juste, mais à richesse égale le même taux s'applique.

Quarto : d'un point de vue plus pratique encore, on s'aperçoit que tel article de loi donne des résultats considérés comme justes dans 70 % des cas environ. Bien que ce pourcentage soit déjà honorable, on peut l'améliorer en affinant la règle par un *distinguo* qui rattrapera une partie des cas manquants. Mais il n'existe probablement pas de loi juste à plus de 97 % : dans les trois derniers cas, le juge n'aura plus qu'à biaiser avec la règle et c'est ce qu'on appelle, tout simplement, l'équité. L'équité, c'est-à-dire la justice avec un « j » minuscule, non celle qui se clame de la République à la Bastille, mais la justice discrète des cas particuliers.

Voilà pour le juste possible. Quant au juste idéal, il relève de la philosophie. L'opposition entre le droit tel qu'il est et tel qu'il devrait être alimente un débat aussi classique que Corneille et Racine. En vérité il commence avec Sophocle et son Antigone, laquelle oppose les lois éternelles aux lois de la cité. La place manque pour l'aborder ici, mais il est dans tous les esprits.

§ 3. *Un système*

Tout droit est un système, c'est-à-dire un ensemble d'éléments interactifs qui se veut cohérent. Chacun s'en rend aisément compte lorsque ce système s'exprime sous la forme ordonnée de codes écrits (cas de la France : Code civil, Code de commerce, etc.). Mais cela reste vrai dans tout pays et à toute époque, quels que soient les instruments juridiques.

Imaginons qu'à la suite d'un essaimage une république nouvelle se crée sur quelque terre autrefois déserte et qu'elle se donne une seule loi, avec en tout et pour tout trois articles. Dans l'instant même, les juristes entreront en action. A partir de chaque règle, ils déduiront ou induiront quelques dizaines d'autres ; qu'ils combineront entre elles selon un agencement de plus en plus complexe ; qu'ils complèteront ensuite par le jeu de l'analogie, de l'*a fortiori* (à plus forte raison, qui peut le plus peut le moins ...) ou de l'*a contrario* ... Gardons-nous de voir là quelque douce manie justiciable d'une psychothérapie légère car c'est tout bonnement la logique de la machine juridique. De même que la moissonneuse moissonne, le droit englobe. A tant faire que de créer un pouvoir social, il faut y enfermer les sujets pour prévenir toute évasion de leur part. Le droit exprime l'idéologie d'un groupe : or toute idéologie tend à se développer en système totalisant, plus ou moins global, plus ou moins clos. Les juristes en ont pleinement conscience, qui font ici appel à la notion d'*ordre* juridique : celle-ci méritera un chapitre à elle seule (*infra*, chap. 3).

SECTION 2
Eléments quasi indispensables

Quasi indispensable est un adjectif qui ne brille pas par la précision ! On a voulu dire que ces éléments *a priori* indispensables et qui font normalement partie de la définition même du droit peuvent souffrir de certaines intermittences, d'ailleurs limitées, sans que pour autant on quitte nécessairement le domaine du droit. Par exemple on conçoit ça et là un secteur de droit sans juge ou de droit sans règle, étant précisé que de toute façon il ne saurait y avoir de droit en l'absence à la fois de l'un et de l'autre. De même il arrive que le juge ne dispose pas de la contrainte ... Etudions successivement le juge (§ 1), la règle (§ 2) et la contrainte (§ 3).

§ 1. *Le juge*

Comme on l'a vu (*supra*, section 1, § 2, B), la France a pu se passer de Conseil constitutionnel jusqu'en 1958 sans que son droit constitutionnel soit considéré comme un substitut de la jungle. Donc le droit se passe à la rigueur du juge. A l'extrême rigueur : dans l'exemple, il y a lieu de noter que cette absence n'affectait qu'un pan, d'ailleurs très particulier, du système juridique. Mais une société qui n'instituerait aucun tribunal n'aurait pas de droit, fût-elle pourvue d'une législation qui occupât plusieurs mêtres cubes. Car sous la seule réserve exprimée plus haut, l'instance judiciaire — le procès — constitue l'essence même et la principale originalité du droit.

Au cours de cette instance, deux personnes parlent, une troisième écoute, mais décidera à la fin, ayant ainsi le dernier mot. Parmi les détenteurs du pouvoir, le juge occupe une position particulière. « Pas de discussion ! », dit le gendarme. « Discutez ! », dit au contraire le juge. C'est que l'un est un fonctionnaire d'exécution au lieu que l'autre exerce un pouvoir indépendant de décision. Que l'autorité sociale non seulement tolère mais organise le débat, et au prix d'une mise en scène parfois somptueuse, devrait susciter un flot de réflexions admiratives et perplexes. Mais encore une fois il n'y a plus que les cinéastes et les badauds pour s'en émerveiller.

A long terme, disait Napoléon à Fontanes, l'esprit finit par triompher du sabre. Ainsi le procès a remplacé le combat sauvage. Dans l'intervalle, la société a connu des formes intermédiaires, où l'usage des armes se fait selon des règles : le duel judiciaire, à l'épée courte, chez les Francs ; le duel à la rapière, qu'interdit Richelieu ; le duel du Far-West, au pistolet. Aujourd'hui la joute est verbale, mais un bon avocat doit avoir un tempérament de battant car le choc des arguments ne manque pas de rudesse.

La singularité de l'instance judiciaire vient encore de ce que, grâce à elle, la règle, pour brève et impérieuse qu'elle soit, ne s'applique pas dans sa nudité, mais après discussion sur son sens, sur son exacte portée et sur la façon de l'adapter au cas particulier. Elle s'applique donc comme instrument de raison et non comme dogme. Le juge *dit* le droit (et non pas : exécute les prescriptions de la loi) : cette expression souligne le côté linguistique et créateur de sa mission. S'il y a un dogme ici, c'est l'indépendance du juge, que commande sa position de tiers impartial. L'opinion publique perd un temps précieux à guetter d'hypothétiques manquements à cette règle d'or. Elle en oublie d'admirer qu'une autorité publique se voie désigner l'indépendance non comme une faculté, mais comme un devoir.

Pour toutes ces raisons, le procès ne ressemble qu'à lui-même. Inventé par le système juridique, il n'existe qu'en droit, ce pourquoi le procès ou plutôt l'éventualité du procès devient le critère du droit. La règle juridique — et par là aussi le droit se distingue des systèmes voisins comme la morale ou les mœurs — se définit comme celle qui a vocation à se voir appliquer par un juge, et cela même si dans les faits elle s'applique spontanément sans aucun procès ; c'est d'ailleurs, en pareil cas, que la menace du procès a suffi.

Le juge a le monopole d'organiser le combat rhétorique des plaideurs et la vertu de trancher et d'apaiser leur différend en exprimant cette valeur suprême qu'est le droit (par opposition à la force). Même si les autres pouvoirs cherchent à le raboter et si notre Constitution feint de le ravaler au rang de simple « autorité », le pouvoir judiciaire n'est pas un vain mot. Sa détention ne se comprend que si le juge statue au nom du groupe social tout entier : « au nom du peuple français », selon notre formule républicaine ; au nom du Roi, sous l'Ancien Régime, mais le Roi incarnait l'entité nationale et par conséquent l'idée était la même.

§ 2. *La règle*

La règle est moins spécifique que le juge : il n'y a de juge qu'en droit alors qu'il y a d'autres règles que de droit. Et le droit se conçoit à la rigueur sans règle. Il est, comme on l'a vu, probable que les sociétés primitives commencent leur aventure juridique sous les auspices du juge seul. C'est en tout cas une certitude pour le droit romain, inspirateur du nôtre, qui mis à part un court bréviaire de législation (dit la Loi des XII Tables) s'est tout entier construit de façon pragmatique, ce qui par parenthèse ne l'empêche pas de passer pour un modèle de rationalité pure. Mais bien entendu il s'est construit sous forme de règles ... De nos jours il arrive encore que certains secteurs soient vides de règles parce que nul ne sait comment légiférer : exemple de la procréation artificielle. Ici le pouvoir a créé un Comité d'éthique, organe préjuridique, avec mission de réfléchir et d'éclairer les juges. De ces derniers, chacun attend que cas par cas, avec sagesse et prudence, ils édifient le corpus qui nous manque ; mission que personne ne leur envie !

Cela dit, le droit engendre la règle par un mouvement aussi naturel qu'irrésistible. La moindre décision de la plus petite juridiction a vocation à se reproduire dans des circonstances analogues : phénomène de répétition qu'encourage l'idée d'égalité entre les justiciables. Par cette voie et surtout par des voies beaucoup plus directes comme le vote de la loi, la règle connaît aujourd'hui une étonnante fortune, au prix d'une certaine rigidification du droit. Mais comment résister aux séductions d'un instrument aussi pratique ? Pratique et moralement satisfaisant, la généralité de la règle semblant garantir l'indépendance du droit à l'égard des questions de personnes. De cette règle, dite encore la loi au sens large ou bien la norme, il convient d'étudier la structure (A), la source (B) et les destinataires (C).

A. Structure de la règle

Les auteurs la réduisent à deux éléments simples : le présupposé et l'imputation d'une conséquence. Le présupposé est l'énoncé d'une hypothèse, par exemple qu'une femme mariée a mis au monde un enfant. L'imputation est la conséquence que tous intéressés doivent en tirer et qu'en particulier le juge devra déduire en cas de litige : dans l'exemple cet enfant a pour père, en principe, le mari de sa mère. A partir de là, s'appliquera une autre règle, à savoir : celui qui est le père d'un enfant (présupposé) doit subvenir aux besoins de celui-ci (imputation), etc. Comme on le voit la règle juridique, à la différence de la loi scientifique, n'indique pas de conséquence *nécessaire*. Alors que tout corps livré à lui-même tombe nécessairement (loi de Newton), rien ne garantit que le père entretiendra effectivement son enfant. Le droit s'efforce de l'y inciter par la menace de sanctions diverses, mais ne peut évidemment rien tirer d'un père insolvable ... Par là se révèle le caractère *normatif* du droit : le droit dit ce qui doit être (en principe), mais ce qui doit être ne sera pas toujours ! Il appartient donc, comme la morale ou les mœurs, à la nébuleuse des systèmes sociaux à caractère normatif.

La règle, modèle répétitif, s'oppose à la décision qui est un acte singulier (ex. : la nomination d'une personne à un emploi). Les autorités publiques et parmi elles le juge ont pour mission de décider, si possible selon le droit. Quant aux particuliers, ils prennent chaque jour un nombre considérable de décisions (comme celle d'acheter ou vendre) dont une partie s'apprécie par référence au droit. En décidant de traverser la rue, j'agis en conformité ou en violation de la règle selon que je passe entre les clous ou en dehors d'eux. Mais en décidant de saluer mon voisin, j'agis hors du droit, selon une simple règle de politesse. D'une façon générale, les règles de droit, et d'ailleurs les autres, ont pour vocation de provoquer des décisions dont elles fournissent le modèle.

B. Sources de la règle

La règle, selon les cas, a une origine anonyme (coutume) ou des auteurs connus. Dans cette dernière hypothèse, aujourd'hui la plus répandue, la diversité des termes utilisés (loi au sens étroit, traité, décret, arrêté, règlement, etc.) veut indiquer l'autorité dont elle émane et le cas échéant la procédure (par ex. : le vote) qui préside à sa naissance.

De prime abord, la règle semble l'apanage et même le monopole des autorités publiques telles que Parlement, ministres, préfets, etc. Mais les juges, bien qu'étant des autorités publiques, n'ont pas forcément le pouvoir d'édicter des règles (en droit français, cela leur est théoriquement interdit). A l'inverse, les particuliers en édictent, mais à rayon d'action restreint : règlement d'atelier ou de copropriété. Le contrat, qui par certains côtés apparaît comme une décision, contient aussi des règles (du type : le loyer sera payé d'avance chaque mois). Bien entendu les règles des particuliers n'accèdent à la vie juridique que si elles interviennent dans un domaine que la société considère comme juridique : les traditions familiales comme celle de fêter les anniversaires ne relèvent, en l'état, que des mœurs (V. *infra*, chap. 2, sect. 1, § 2), lesquelles occupent seules les espaces vides de droit.

C. Destinataires de la règle

Leur nombre varie selon le cas considéré. La règle a d'abord des destinataires directs : une loi sur l'assurance s'adresse aux assureurs et aux assurés. Mais elle a aussi ses destinataires indirects, dans l'exemple tous ceux qui par contrecoup auront à connaître des assurances souscrites par autrui (l'enfant bénéficiaire d'une assurance sur la vie). Sans compter ce destinataire invisible mais privilégié qu'est le juge, — au cas où surgit un procès. En vérité, la règle s'adresse beaucoup au juge car sans son intervention elle risque de ne jamais s'appliquer : ce sera le cas si les parties s'accordent, de façon expresse ou tacite, pour ne pas saisir la justice et pour régler l'affaire à leur idée.

Un grand nombre de règles s'adressent à la collectivité tout entière. D'apparence plus restreinte, la règle qui définit les pouvoirs du Premier Ministre vise en réalité tous les titulaires présent et futurs du poste, sans parler des autres autorités qui doivent se garder d'empiéter sur les pouvoirs ainsi définis et plus généralement de tous ceux qui vont devoir s'incliner devant ceux-ci. Parfois la règle n'a qu'un seul destinataire direct : « en l'absence du ministre X, ses attributions seront exercées par le ministre Y ». Mais il s'agit bien d'une règle, en raison de son caractère répétitif : d'ailleurs tous devront respecter les pouvoirs de l'intérimaire. On voit par là que les règles, à la différence des décisions, s'adressent toujours à une série non finie de personnes (le règlement de copropriété à tous les copropriétaires présents et futurs de l'immeuble, etc.). Il en va ainsi du contrat lui-même, qui en cas de décès d'une partie continue en principe avec les héritiers.

La règle purement individuelle est celle qui, bien que répétitive, a pour auteur et destinataire la même personne privée (du type : je me suis donné pour règle de ne pas boire d'alcool). Mais sa nature propre la tient à l'écart du droit.

§ 3. *La contrainte*

Par ce mot de contrainte, il faut entendre le recours à la force, mais selon les formes du droit, par exemple le recours aux agents de la force publique. On voit tout de suite qu'à défaut d'une force internationale digne de ce nom, le droit international reste un droit imparfait qui s'applique — quand il s'applique — par le bon vouloir ou la crainte de rétorsions diverses, quand ce n'est pas par un effet de la force pure. Mais le droit international a les autres stigmates du juridique et ce n'est pas dans les écoles de théologie qu'on l'enseigne : il faut donc admettre que la contrainte n'est pas rigoureusement indispensable au concept de droit.

La même remarque vaut pour le droit constitutionnel : si le Président de la République voulait promulguer un article de loi déclaré non conforme à la Constitution, on ne voit pas que le Conseil constitutionnel ou qui que ce soit d'autre puisse dépêcher des argousins aux portes de l'Elysée pour l'en empêcher : tout au plus pourrait-on le juger pour forfaiture ... De même encore notre droit administratif dispose d'un fort bel arsenal juridique lui permettant de condamner, s'il y a lieu, la puissance publique, mais il lui manque l'extrême pointe de la contrainte : pas de voies d'exécution contre l'Etat ! Toutefois celui-ci finit quand même par s'exécuter : c'est dans la logique de l'Etat de droit ! En toute hypothèse le droit ne cesse pas d'être droit par cela seul qu'il s'applique sous des contraintes extrajuridiques : il s'agit d'ailleurs là d'un cas très répandu (ex. du commerçant qui respecte la loi par souci commercial). Le critère du droit réside moins dans l'existence de la contrainte que dans le recours à des modes de régulation typiquement juridiques (argumentation impersonnelle, référence à l'idée de juste, etc.). A la limite, est droit ce que le groupe social s'accorde à traiter comme tel, même s'il le traite avec les moyens du bord.

Problématique à l'encontre de la puissance publique, le recours à la contrainte est au contraire de technique courante et en général efficace pour obliger les particuliers à respecter le droit. Sachant cela, les justiciables préfèrent souvent s'exécuter d'eux-mêmes soit avant le procès, soit aussitôt après l'avoir perdu. Ce qui explique que le droit privé (celui qui, par opposition au droit public, régit la société civile) passe pour plus achevé que les autres branches du droit. A vrai dire, on veut exprimer par là non que le droit privé a de meilleurs moyens pour se faire obéir, mais qu'il a un contenu plus élaboré. Toutefois les deux sont liés : le fait qu'il ait les moyens d'une exécution effective encourage sans doute à en affiner et diversifier les solutions.

La contrainte revêt des formes diverses : parfois directe et brutale (sanctions pénales, vente forcée des biens du débiteur), plus souvent indirecte et insidieuse. Ce n'est pas le spectre de la geôle, mais l'excellente organisation de notre état-civil qui empêche la bigamie. Et si le chef d'entreprise déclare au fisc les salaires qu'il verse, c'est pour les déduire en frais généraux et non par crainte de l'amende (remarquable exemple de contrainte par incitation !). D'une façon générale, la bureaucratie développe des formes de contrainte préventive et la solidarité des rouages sociaux pousse au conformisme, donc à l'application presque spontanée du droit. Enfin la contrainte n'est pas toujours nécessaire : lorsque le juge prononce un divorce, les époux cessent d'être mariés par cela seul qu'il le prononce et sans qu'il soit besoin d'aucune coercition.

*

* *

Pour résumer ce premier chapitre, on pourrait définir le droit comme une forme de pouvoir social érigée en système, qui répudie la force pure et la remplace, au sein d'une instance officielle, par le discours au sens linguistique du terme ainsi que par la référence à l'idée de justice : ce pouvoir suppose ordinairement l'institution d'un juge, la formulation de règles et l'utilisation d'une force socialement canalisée. La définition paraîtra lourde. Après tout, elle en vaut bien d'autres ! Mais il faut tout de suite la compléter en distinguant le droit des systèmes voisins.

Lire aussi : P. Amselek, « L'étonnement devant le droit », *Archives de philosophie du droit*, tome XIII, 1968, p. 163 ; P. Amselek, « Norme et loi », *Archives de philosophie du droit*, tome XXV, 1980, p. 89 ; Ph. Jestaz, « Pour une définition du droit empruntée à l'ordre des beaux-arts », *RTD Civ.* 1979, p. 80 ; Ph. Jestaz, « La sanction ou l'inconnue du droit », *D.* 1986, Chron. 197 ; P. Mayer, *La distinction entre règles et décisions et le droit international privé*, 1973.

CHAPITRE 2

Droit et autres systèmes sociaux

Le droit, avec son réseau serré de règles et d'institutions, est un système compact, de surcroît imbriqué avec d'autres systèmes sociaux. Certains sont aussi denses que lui (section 1), d'autres paraissent plus diffus (section 2).

SECTION 1
Les systèmes denses

Ce sont le système politique (§ 1) et les mœurs (§ 2).

§ 1. *Le système politique*

Participant à l'organisation de la cité (en grec : *polis*), le droit est politique par essence. Voilà une vérité qu'il ne faut ni oublier, ni déformer dans un sens politicien. La politique, en tant que stratégie de conquête et de conservation du pouvoir, n'a pas ou du moins ne doit pas avoir d'influence sur le droit : l'exploitation politique d'un procès banal, la transformation du débat juridique en affrontement partisan relèvent d'un mélange des genres. Mais *le* politique au masculin, c'est-à-dire l'exercice du pouvoir dans la cité, a d'évidents rapports avec le droit qui en fait partie intégrante. Sans qu'on s'en rende toujours compte, nos règles de droit sont par définition des choix de société : de tout petits choix quand elles fixent un délai, mais de grands choix quand elles posent des principes fondateurs en matière de propriété, de famille ou de contrat par exemple.

En raison de leur imbrication, il n'est pas facile de distinguer pouvoir juridique et pouvoir politique. Ils ont d'ailleurs des institutions communes (A), mais aussi des institutions spécifiques (B).

A. Institutions à la fois politiques et juridiques

En France : le Président de la République, les Assemblées parlementaires, le Conseil des ministres, dans une moindre mesure les préfets et les maires, les présidents de conseils généraux et régionaux. Tous ces organes, politiques par la manière dont ils sont élus ou nommés, ont pour mission de mener une action politique et aussi de contribuer à la production du droit. Mais bien que créateurs de droit, ils doivent se conformer à celui-ci y compris dans l'action politique, ce qui emmêle l'écheveau. Pour le démêler, il n'existe pas de critère infaillible.

Dans le long terme, action politique et pouvoir juridique se confondent à peu près : la loi du 24 juillet 1866 sur les sociétés anonymes (elle dura 99 ans !) était tout aussi bien la base de notre droit des sociétés que l'expression de la politique française en cette matière. Mais ils se distinguent mieux dans le court terme, qui *a priori* relève de l'action politique et d'elle seule. Cette action de caractère conjoncturel se traduit par un grand nombre de décisions (dévaluation du franc, hausse des taux d'intérêt ...) et un petit nombre de règles, celles-ci apparaissant de toute façon comme une législation de circonstance. Les choix politiques s'y révèlent à l'état pur, sans le masque de la technique juridique. Les décisions interviennent plus en opportunité que par application de critères stricts. Et leurs acteurs recherchent davantage l'efficacité que la justice. Ou plutôt ils justifient leur recherche d'efficacité par des considérations supérieures, mais vagues, de justice au second degré.

De là un débat dont l'ambiguïté montre encore la fragilité des frontières entre politique et droit. Chacun sait que Goethe préférait l'injustice au désordre. Ce qu'on sait moins, c'est qu'il le proclama, à propos d'un suspect accusé sans preuve décisive, pour signifier qu'il préférait l'injustice d'un crime impuni au désordre d'un innocent condamné. Et voilà comment on fait dire aux grands hommes ce que pensent de moins grands ! Au vrai, politique et droit ont encore en commun de chercher entre deux solutions la moins mauvaise sans qu'on puisse attribuer tout le bon à l'un (le droit, bien sûr !) et tout le mauvais à l'autre. Et la prétendue maxime de Goethe ne mérite que d'orner le fond des cendriers.

B. Institutions spécifiquement juridiques

De même que les partis politiques sont un pur instrument de l'action politique, de même l'appareil judiciaire est, en théorie au moins, un pur instrument du droit. Le juge n'est pas une autorité politique ni par son mode de recrutement, ni surtout par sa mission qui consiste à connaître des litiges un à un, sans voir au-delà du cas particulier, et à les trancher selon les critères du droit, non en opportunité pure.

Mais d'une part le juge a tout de même une marge d'appréciation souveraine. Pour ne prendre qu'un exemple, la loi qui pour telle infraction prévoit un emprisonnement de deux à cinq ans laisse toute latitude au juge à l'intérieur de cette fourchette. D'une façon générale, il ne serait ni sain, ni d'ailleurs réalisable de brider d'avance le pouvoir judiciaire par une prévision exhaustive de tous les cas possibles, raison pour laquelle chaque système juridique réserve au juge de nombreuses poches de pouvoir souverain. La seule différence avec l'autorité politique *stricto sensu* tient à ce que ces poches sont, dans le cas du juge, beaucoup plus étroites et davantage limitées par les textes.

Et d'autre part le juge regarde forcément au-delà du cas particulier, soit qu'il le compare avec ceux dont il a déjà eu à connaître, soit qu'il établisse une projection sur un avenir plausible. Les impératifs de cohérence, voire d'incitation ou de dissuasion influent alors sur sa décision. Bref, au lieu de rendre un jugement d'équité — dicté par les seuls faits de l'espèce et rigoureusement intransposable —, le juge tend vers le jugement exemplaire qui en est l'exact opposé : déplaisant dans l'espèce, mais utile en général.

Pour ces deux raisons, les tribunaux mènent, toujours dans le long terme, une action politique au sens large ; au sens où l'on dit que la Cour de cassation a une certaine politique en matière d'indemnisation des victimes d'accidents ou encore une politique de large admission des nullités pour vice de procédure ! Attitude qui pour une part tient aux convictions personnelles du magistrat, mais tant que celles-ci ne jouent qu'un rôle d'appoint, il n'y a pas lieu de s'inquiéter. D'ailleurs comment faire abstraction de son idéologie propre ? La forfaiture, ici, consisterait à se déterminer principalement sur des critères extérieurs à l'affaire et par exemple à se forger une conviction avant d'avoir ouvert le dossier. Mais le cas n'est pas si fréquent.

Il y a quelques années, des juges français marqués à gauche par leur appartenance syndicale avaient rendu des décisions considérées à tort ou à raison comme provocatrices. En elles-mêmes, ces décisions n'étaient peut-être pas plus *politisées* que beaucoup d'autres, tout aussi audacieuses, rendues jadis et naguère par des magistrats de gauche ou de droite, mais leurs auteurs avaient eu le tort de les assaisonner de propos tapageurs. Or le débat judiciaire, à la différence du débat parlementaire, ne doit pas avoir lieu devant l'opinion publique.

Vraie ou imaginaire, la politisation de la justice inquiète en tant que prélude à une possible politisation du droit : dans les régimes autoritaires, les dirigeants asservissent le droit à leur action politique, déguisent des mesures individuelles sous des règles d'apparence générale, etc. Conception fort dangereuse pour le droit, qui devient un faux-semblant, et pour eux-mêmes quand ils auront perdu le pouvoir. Plus juristes ou plus prévoyants, les démocrates organisent l'Etat de droit comme un espace où les principes tâchent de résister aux contingences de la faveur politique. Mais la démocratie doit plutôt redouter l'excès contraire, qui consiste à enserrer le pouvoir politique dans des limites juridiques trop étroites. C'est ce qu'on appelle le « gouvernement des juges » et la Cour Suprême des Etats-Unis en avait donné le fâcheux exemple lorsqu'elle avait démantelé le New Deal, c'est-à-dire la politique économique de Roosevelt. A cet égard, notre Conseil constitutionnel a montré plus de sagesse dans l'affaire des nationalisations ! ...

§ 2. *Les mœurs*

A. Notion

Déjà moins dense que le système politique puisqu'il ne comporte pas d'institutions, l'ensemble formé par les mœurs se présente comme un réseau plus ou moins touffu de règles sociales disparates qui ont en commun trois caractères. *Primo* une origine anonyme. Ces règles naissent à la façon d'un folklore. Elles évoluent néanmoins, comme le montre l'attitude envers le concubinage, et sans doute plus vite dans les périodes de mutation généralisée, mais sans qu'aucune volonté particulière y puisse rien ni pour freiner, ni pour accélérer le mouvement. *Secundo* l'absence de cette contrainte sociale spécialement organisée où Durkheim voyait, à juste titre, le critère distinctif des mœurs et du droit. Pas de tribunaux ici et pas de gendarmes non plus : la contrainte résulte seulement d'une pression sociale indifférenciée. D'ailleurs la règle de mœurs, à la différence de la règle juridique, n'indique pas de sanction précise. Selon les cas, l'humeur et les circonstances, le contrevenant se verra regarder de travers, blâmer, infliger des rétorsions et tracasseries diverses, voire exclure du groupe ou sous-groupe considéré. *Tertio* une grande efficacité malgré tout. L'obligation de rendre un dîner, d'aller à la messe ou de porter la cravate sont souvent mieux respectées que celle, pourtant juridique, de déclarer au fisc l'intégralité de ses revenus. Et qui, dans un bon restaurant, aurait le courage de passer sa commande à l'inverse de l'ordre habituel, en commençant par le pousse-café, etc. ? Les mœurs sont à la fois très faciles et très difficiles à transgresser.

Au sein de cette collection hétéroclite, deux catégories se font jour, qu'on appellera par commodité les mœurs extrajuridiques et parajuridiques.

Les mœurs extrajuridiques régissent des domaines fort divers, mais où traditionnellement le droit n'intervient guère, ce qui écarte tout risque de confusion : règles de politesse ou de bienséance mondaine, usages vestimentaires et alimentaires, cérémonial applicable aux manifestations les plus diverses de la vie sociale, etc. Ces règles, si l'on y réfléchit, n'ont à peu près pas de résonance morale : les Français, qui mangent le fromage avant le dessert, ne sont ni plus ni moins moraux que les Britanniques, adeptes de la règle inverse. Néanmoins chaque groupe social tend naturellement à blâmer les mœurs d'autrui et de toute façon à vitupérer contre les mœurs du jour, supposées moins morales que celles d'antan.

La tendance s'accuse à propos des mœurs parajuridiques qui, quant à elles, ont des implications morales et interviennent dans des domaines dont le droit s'occupe habituellement, d'où le risque de confusion : usages appliqués dans la sphère de l'échange économique (honorer les contrats même en l'absence de preuve écrite, accepter des annulations de commande qu'en droit strict on pourrait refuser), règles de moralité professionnelle, code non écrit des relations sexuelles et familiales (reconnaître son enfant naturel, voire épouser la mère, ne pas convoler aussitôt après la mort de sa femme), code des mœurs civiques et politiques (devoir et pas seulement droit de vote, respect de la « tradition républicaine »). Ces règles-là sont presque du droit et ont même vocation à se transformer en droit par le biais de l'usage.

Ainsi la loi française dispose que la taxe d'habitation est due pour l'année entière par celui qui occupe le local au 1er janvier. Or, il est d'*usage*, en général respecté bien qu'aucun texte n'y oblige, qu'en cas d'occupations successives le nouvel occupant rembourse l'ancien au prorata. Ici de deux choses l'une. Ou bien le nouvel occupant s'y est engagé contractuellement et cet engagement a évidemment valeur juridique : les tribunaux, le cas échéant, en assureront le respect. Ou bien il n'a pas souscrit d'engagement et les tribunaux n'ont pas à appliquer cette simple règle de mœurs. Toutefois rien ne les empêche de décider que les parties se sont implicitement référées à l'usage courant, auquel cas la règle de mœurs se change en règle coutumière — donc en droit — qui s'applique sous le couvert de la fiction contractuelle. Telle est, semble-t-il, la tendance actuelle. Et le jour où le juge n'invoquera même plus cette référence implicite, on pourra considérer l'évolution comme achevée.

B. Mœurs et droit

Dans les secteurs qui nous paraissent juridiques par nature ou du moins par habitude, la régulation peut néanmoins intervenir par la voie des mœurs. Les sociétés à forte armature collective (Extrême-Orient) ont beaucoup de mœurs et peu de droit. Les pays individualistes comme la France connaissent la situation inverse. D'une façon générale, le relâchement des mœurs pousse à la prolifération du droit. Phénomène moins fréquent, le renforcement des mœurs aurait l'effet contraire : il se peut que l'Iran des Ayatollahs en vienne à raréfier son droit ...

Les mœurs, en tout cas les mœurs parajuridiques, complètent le droit ou le corrigent, s'inspirent de lui ou l'inspirent, le précèdent ou le suivent. En général elles influent sur le droit de trois façons.

D'abord elles influent sur son contenu même. A l'égard du concubinage, le Code civil pratiquait l'ignorance, donc l'indifférence. Mais les tribunaux lui ont longtemps montré de l'hostilité, en raison de l'état des mœurs. Les mœurs ayant changé, leur jurisprudence s'infléchit tandis que le législateur, de son côté, intervient çà et là en faveur des concubins.

Ensuite il arrive que le droit renvoie aux mœurs, voire aux *bonnes* mœurs (et cet adjectif laisse entrevoir une connotation morale). Ainsi le juge se fonde sur les usages de la profession pour apprécier la responsabilité du professionnel et sur les usages vestimentaires pour sanctionner ou non un outrage public à la pudeur, notion qui se mesure d'après la longueur des jupes à un moment donné.

Enfin les mœurs garantissent l'effectivité de la loi. Certaines lois demeurent lettre morte, d'autres s'appliquent cahin-caha. Mais de celles qui s'appliquent à merveille, on dit qu'elles sont entrées dans les mœurs : ce qui signifie que la règle de droit se double désormais d'une règle de mœurs respectée comme telle, sans intervention des tribunaux ou très sporadique, d'application presque spontanée. Si les commerçants plaident beaucoup moins que les particuliers, c'est que les mœurs du commerce suffisent largement à la régulation de ce secteur. Que serait le droit sans les mœurs ? disaient déjà les Latins (*quid leges sine moribus* ?). Pas grand chose évidemment.

SECTION 2
Les systèmes diffus

Ce sont la morale (§ 1) et plus largement l'idéologie (§ 2) car la morale est une forme d'idéologie, mais qui doit être traitée à part en raison de ses particularités.

§ 1. ***La morale***

A. Notion

La morale se propose de diriger les conduites humaines selon un système de valeurs. Et — ce point est fondamental — elle se le propose dans l'idéal, sans le souci, ou du moins sans le souci immédiat de savoir si l'intendance pourra suivre. Planant à de pareilles hauteurs, elle devrait avoir un contenu éternel et universel. Mais même si l'on s'accorde sur certaines valeurs immuables comme la réprobation du meurtre, l'application varie : selon les lieux et les époques, les systèmes moraux admettent ou non des formes particulières de meurtre (talion, guerre, duel, légitime défense, peine de mort). Bref, chaque groupe social a son système de valeurs morales à une époque donnée.

Dans certaines sociétés (en général : agraires, traditionnelles, sans grand contact avec l'extérieur), ce système s'incarne en un code minutieux de règles rigoureusement appliquées par la vertu d'une pression sociale forte. En pareil cas, la morale constitue un système dense, elle fait partie des mœurs. Plus précisément elle est la partie des mœurs qui se fonde sur des valeurs nobles, par opposition à l'autre partie qui ne repose que sur l'habitude.

Mais le plus souvent (en tout cas en Occident et depuis plusieurs siècles), la morale est sociale par sa source et individuelle dans son application. Pas complètement individuelle puisqu'une partie de cette morale s'exprime dans des règles de mœurs. Mais la majeure partie relève du choix personnel : chacun adapte la morale ambiante aux situations particulières qui se présentent à lui et l'applique ou non sous le contrôle de sa seule conscience ou presque. Disons : sous la menace principale du remords intérieur et le cas échéant d'une réprobation sociale discrète, d'ailleurs limitée au petit groupe de ceux qui savent. Cette quasi-absence de sanction sociale fait dire à Kant que la morale, à la différence du droit, est *autonome*, — en ce sens qu'elle s'impose à elle-même sa propre loi. Les sociologues, quant à eux, parleront de système diffus : la morale agit alors de manière indirecte, par imprégnation. Et elle imprègne le droit, tout en changeant son nom au passage pour celui de justice : la justice, c'est la morale en tant qu'elle s'applique aux relations sociales saisies par le droit. La question consiste à élucider, sous l'angle de la justice, les rapports de la morale et du droit.

B. Morale et droit

Ce thème a suscité des tonnes de littérature, peut-être pour avoir été abordé à faux. Selon nous, le droit, tentative afin de moraliser le politique, pourrait se comparer à une synthèse chimique du politique et de la morale, de l'efficace et du juste. Et de même que l'eau, corps liquide, a une nature totalement différente des deux gaz qu'elle synthétise, de même le droit ne ressemble nullement à aucune de ses deux composantes. Il les dépasse et il est autre. Pour s'en convaincre, il suffit de lire les comptes rendus du Journal Officiel : on y voit que le vote de la loi survient après un débat éminemment politique où s'entrechoquent les différents intérêts, par la voix de leurs porte-parole respectifs ; mais on y voit aussi que l'arbitrage entre eux prend forme de règle générale propre à fournir, pour la série des solutions à venir, un modèle considéré comme juste. De ce creuset, finit par sortir un texte de loi rédigé dans son langage propre, technique par conséquent, et qui ne ressemble ni à une plate-forme politique, ni à un code moral : la synthèse a eu lieu.

Alors que l'eau comporte toujours deux molécules d'hydrogène et une d'oxygène, les proportions varient dans la composition du droit. Et la comparaison n'autorise aucune quantification. A vue de nez, chacun se doute que le droit de la famille comporte une dose de morale supérieure à celle que requiert le droit des hypothèques. Mais scientifiquement on ne peut guère en dire plus.

La solution juridique injuste correspond à une insuffisante moralisation du droit. En voici un exemple, petit mais saillant, où l'injustice saute aux yeux par défaut de symétrie. La loi française taxe les plus-values immobilières : bonne ou mauvaise, la solution ne passe du moins pas pour injuste dans son principe. En tout cas, dès lors qu'on l'adopte, la justice commanderait d'admettre la déduction des moins-values. Or notre législation s'y refuse. C'est, dira Tartuffe, que les moins-values immobilières sont rares. Raison de plus ! Il y avait là une occasion de satisfaire la morale sans coût social excessif.

Une loi qui, dans son principe, sacrifierait la justice à l'efficacité n'exprimerait rien de plus qu'*une* politique, d'ailleurs inefficace à long terme si les sujets se rebellent contre son caractère injuste. A l'opposé, la pure règle morale, si on prétend l'insérer telle quelle dans l'ordre juridique, s'y révèle inefficace par candeur. Il y a moralisation excessive du droit lorsqu'une solution dictée par la morale ne donne pas de bons résultats pratiques. En France, jusqu'en 1968, le dément n'avait pas à réparer les dommages qu'il avait causés au motif, en substance, que n'étant pas coupable, il ne pouvait se voir infliger aucune punition. Or il ne s'agissait pas de punir (notion morale), mais de réparer (notion juridique). En pratique, il arrivait que le dément fût plus riche que sa victime, auquel cas la solution devenait particulièrement détestable, y compris d'ailleurs du point de vue moral. Les tribunaux trichaient alors sur les faits, mais pour le bon motif, affirmant de manière assez gratuite que l'intéressé avait agi dans un intervalle lucide : voilà bien le jugement d'équité ! Mais autant l'équité fait merveille dans les cas atypiques, autant son utilisation répétitive sent l'expédient. Pour finir, on a changé la règle. Cela dit, il va de soi qu'avant comme après la réforme, le dément n'encourt aucune responsabilité pénale (car cette fois, la considération morale tombe à pic) : on ne l'emprisonnera pas, on essaiera de le soigner .

Si l'on a insisté sur ce point, c'est parce que les tenants d'un certain ordre moral veulent toujours investir le droit et pas toujours à bon escient. Au lieu de pourchasser les règles injustes, ils cherchent à traduire leurs convictions propres, souvent respectables, en règles nouvelles qui, à défaut d'une analyse socio-économique sérieuse, risquent de compromettre un équilibre jusque là satisfaisant. La doctrine qui voit dans le droit une règle *de conduite* procède au fond de la même tendance.

Signalons pour finir l'action en retour du droit sur la morale. Sauf le cas d'une disposition notoirement injuste ou absurde, la désobéissance à la loi suscite la réprobation alors même que cette loi ne procède pas d'une inspiration particulièrement moralisatrice. La loi fiscale, même si ses auteurs ont eu aussi des préoccupations de justice, a pour objectif premier d'alimenter les caisses de l'Etat ou à la rigueur d'intervenir dans l'économie, mais en tout cas pas de règler des questions d'éthique. Or, une fois cette loi votée, la fraude dirigée contre elle passe pour moralement répréhensible, du moins lorsqu'elle excède le seuil du carottage ordinaire français. En généralisant le raisonnement, il apparaît que toute règle de droit ou presque a son ombre portée dans le domaine moral. Cette projection, au sens géométrique du terme, reçoit parfois un nom particulier : on parle de morale républicaine pour désigner un ensemble de morale *et d'ailleurs de mœurs* qui s'est édifié sur la base de notre droit public classique ; et la morale des affaires transpose, peut-être en les enrichissant, les principes du droit commercial. Mais nommé ou pas, le phénomène n'en existe pas moins et paraît fort répandu. Il contribue à mettre en lumière l'existence d'une zone parajuridique où morale et mœurs ne se distinguent guère.

§ 2. *L'idéologie*

On appelle idéologie toute représentation mentale, vérifiée ou non, toute croyance ou conviction qui tend à se former en système général, à la fois explicatif et directif. Les philosophies, les morales, les religions sont des idéologies parvenues à maturité. Mais l'univers idéologique comprend aussi une poussière d'éléments parmi lesquels un œil exercé reconnaîtra des ensembles en formation ou, à l'opposé, des débris provenant d'ensembles éclatés.

Il arrive que des systèmes juridiques érigent en principe de législation la soumission totale à une idéologie-système, laquelle devient alors officielle : c'est le cas des ex-pays marxistes. En réalité aucune idéologie ne règne jamais sans partage et la Russie soviétique s'abreuvait à bien d'autres sources (entre autres, la slavophilie, le christianisme orthodoxe, le nihilisme).

Dans la majorité des cas, les idéologies jouent un rôle plus discret. En France, la Constitution de 1958 proclame son attachement non pas à une mais à deux idéologies, ce qui prouve déjà qu'aucune des deux n'est censée éliminer l'autre : d'une part les droits de l'homme, ensemble où se retrouvent philosophie des Lumières, rousseauisme et kantisme ; d'autre part et par référence au *Préambule* de 1946, certains principes politiques, économiques et sociaux « particulièrement nécessaires à notre temps », lesquels en substance dérivent de la pensée socialiste largement entendue. Officielles en un certain sens, ces deux idéologies ne prétendent toutefois pas dicter le moindre de nos textes, ni diriger la totalité de nos choix : elles se donnent pour des principes d'inspiration générale qui n'excluent pas la référence à d'autres sources. Bien entendu la France, comme toute société, a une idéologie ambiante, bien que celle-ci n'ait rien d'un monolithe ni d'une religion d'Etat et se présente plutôt comme un mixage pas toujours homogène de morceaux divers. Outre les deux ingrédients déjà cités, ajoutons-y par ordre chronologique : la pensée latine (qui dès l'abord a pénétré par la structure de notre langue), le christianisme (fût-il laïcisé), des traces de féodalité, l'esprit de la

Renaissance, des relents d'absolutisme, le culte de la Révolution, des relents de bonapartisme, l'ordre bourgeois du XIXe siècle, la tradition de la 3e République, un zeste de freudisme, une pinte de sartrisme, etc. Cet ensemble flou et d'ailleurs mobile (la photographie instantanée pourrait varier d'une année sur l'autre) imprègne toute notre vie sociale et par conséquent notre droit, mais de manière insidieuse, voire à notre insu. De là cette illusion, jadis fort répandue en France et dans d'autres démocraties libérales, que le droit — du moins le nôtre, celui des démocraties en question — serait *neutre*, c'est-à-dire pur de tout choix politico-idéologique, et ce par opposition aux droits *orientés* des pays marxistes ou musulmans. Or nos orientations sautent aux yeux d'un observateur venu de ces pays ! Proclamer la neutralité du droit revient à prendre le caractère impersonnel de la loi pour une totale incarnation de la raison pure et de la justice absolue : il y faut de l'accoutumance, de l'optimisme, une méconnaissance volontaire ou non des enjeux réels et, pour tout dire, une forte dose de naïveté, celle-là même qui vous fait croire que seuls les autres parlent avec un accent.

Que le droit reflète l'idéologie dominante (avec, d'ailleurs, toutes les réserves d'ordre scientifique que suscite cette approximative notion), cela se passe de démonstration. Il en va ainsi parce qu'il ne saurait en aller autrement ! Là encore la lecture des comptes rendus au Journal Officiel suffirait à convaincre les plus sceptiques. Ce qu'on doit signaler toutefois, c'est que l'idéologie n'apparaît pas seulement à l'occasion des grands débats (divorce, euthanasie, nationalisations), mais aussi dans les petites questions réputées, à tort, de pure technique juridique. Quand la personne démarchée à domicile se voit accorder un délai de 7 jours pour se ressaisir et dénoncer son engagement, la solution ne pose, semble-t-il, que des problèmes pratiques (questions de date et de preuve, point de départ et computation du délai). En réalité, elle écorne un de nos dogmes, le respect des contrats, et il a fallu la nouvelle émergence de l'idéologie consumériste pour la faire admettre.

Non seulement le droit reflète l'idéologie ambiante, mais il la traduit en actes. Alors que les écrits d'un philosophe n'engagent *a priori* que sa responsabilité intellectuelle, nos lois sont des faits qui engagent la société tout entière. Elles attestent le caractère agissant et pas seulement spéculatif de nos idéologies, même si celles-ci n'influent que de manière oblique. Exprimé en formules concises et par conséquent frappantes, le droit joue un rôle de porte-voix. Les textes antitabagiques, les lois d'aide aux handicapés, les mesures protectrices des consommateurs ont propulsé les idées correspondantes auprès du grand public. Exemple extrême : quand le Code de la route oblige le conducteur à « rester maître de sa vitesse », cette expression n'a aucun sens précis ni grammaticalement ni en technique juridique, de sorte qu'aucun tribunal, à notre connaissance, n'a jamais condamné personne sur ce fondement. Les juridictions appliquent donc d'autres articles empruntés au Code de la route ou au Code civil, mais ainsi rédigée, la formule fait mouche : c'est le seul texte de droit que connaissent les non juristes ! En vérité, elle se borne à exprimer un conseil de prudence, mais auquel la notion de maîtrise (de soi, du véhicule) confère une charge idéologique considérable. Elle a probablement sauvé des vies humaines, auquel cas nous devons respect et admiration à l'obscur bureaucrate qui l'a inventée. Et elle prouve encore la puissance de l'idéologie, fût-ce à modeste échelle.

En conclusion, le droit d'un pays pourrait bien être la photographie la plus probante de son idéologie, du moins pour qui sait lire entre les lignes. Et en même temps le multiplicateur de celle-ci. On retrouve ici le phénomène d'interaction déjà observé dans les rapports que le droit entretient avec le politique, les mœurs et la morale. Au surplus, l'idée même de droit (le culte de l'Etat de droit) est peut-être encore une idéologie, mais ceci est une autre histoire.

Lire aussi : J. CARBONNIER, *Sociologie juridique*, 1978 ; J. DÉPREZ, « "Sois juge et tais toi", réflexions sur le rôle du juge dans la cité », *RTD Civ.* 1978, p. 503 ; J. FREUND, « Droit et politique, essai de définition du droit », *Archives de philosophie du droit*, tome XVI, 1971,

p. 15 ; Ph. JESTAZ, « Pouvoir juridique et pouvoir moral », *RTD Civ.* 1990, 625 ; Ch. PERELMAN, *Droit, morale et philosophie*, 2e éd., 1976.

CHAPITRE 3

De l'ordre juridique

Le droit est l'expression institutionnelle d'un groupe, autrement dit le système ou l'ensemble servant d'armature à ce groupe et auquel on pourrait appliquer la théorie des ensembles ou des systèmes. La notion d'ordre juridique, à tout prendre synonyme de droit ou de système juridique, veut traduire cette idée en lui intégrant à la fois le sens contraignant du mot (l'ordre qui règne à Varsovie) et le sens grec, celui d'harmonie. La France, l'Allemagne, l'Italie ont un ordre juridique et l'ordre juridique français n'est au fond rien de plus que le droit français. Mais à ceux qui dans le droit ne verraient que la surface, c'est-à-dire la collection des règles applicables, la notion d'ordre juridique rappelle d'une part que le droit englobe aussi les institutions (publiques, voire privées), c'est-à-dire tous les rouages de la machine juridique, et d'autre part que ces règles forment un corps *ordonné*. Parler d'ordre juridique revient donc à dire que le droit structure la société (section 1) à l'aide d'un *corpus* (section 2).

SECTION 1
Une structure sociale

De nos jours, l'Etat est l'ordre juridique par excellence (§ 1). Mais il en existe d'autres (§ 2).

§ 1. *Les ordres étatiques*

A. L'Etat en tant qu'ordre

Depuis déjà quelques siècles, l'Etat-nation est la forme la plus répandue de pouvoir politique. La plus durable aussi. A la différence des empires, qui paraissent voués à éclater (et précisément à éclater en Etats distincts), les Etats ne font que se renforcer, même en démocratie : en conséquence nul n'imagine plus qu'une autre institution puisse remplacer l'Etat dans un avenir prévisible. Et quand, par exception à la règle générale, un Etat vient à tomber en ruines, comme le Liban dans les années 1980, le résultat est tel que les plus libertaires deviennent de chauds partisans de l'ordre étatique.

L'omniprésence actuelle de l'Etat entretient quelques erreurs plus ou moins répandues. Que droit et Etat seraient liés par essence : mais l'histoire, à de certaines époques, révèle à la fois l'absence d'Etat et la présence du droit. Que de nos jours au moins il ne serait d'ordre juridique qu'étatique et que d'ailleurs les Etats auraient le monopole de la production du droit. On montrera plus loin la fausseté de cette double assertion : non seulement les Etats ne sont pas le seul ordre juridique, mais à l'intérieur même de l'ordre étatique, l'Etat n'est pas nécessairement l'auteur de tout le droit qu'il fait appliquer : les Etats sont, plus ou moins, importateurs de droit. Du moins ces thèses erronées montrent-elles la réalité des ordres juridiques étatiques, réalité telle que certains esprits ne parviennent plus à en concevoir d'autre.

La vérité, assez remarquable déjà pour qu'il n'y ait pas besoin de la grossir, est que l'Etat constitue non seulement une entité abstraite, mais surtout et très concrètement une énorme machinerie dont les rouages, poulies et engrenages réalisent une structuration très forte de la société. Or cette machine ou cette entité tout à la fois produit du droit (même si elle en importe aussi) et se conduit, en principe, selon le droit. Bien entendu, elle fait appliquer par ses tribunaux et ses fonctionnaires le droit qu'elle produit ou importe.

L'ordre étatique français, pour s'en tenir à lui, étend sa puissance à tous les nationaux, mais aussi, parce qu'il règne sur un territoire, à ceux qui résident en France, voire aux simples voyageurs. Un étranger ne saurait contracter plusieurs mariages chez nous sous prétexte que sa loi nationale autorise la polygamie. Et l'Anglais qui visite nos contrées doit rouler à droite. Par où l'on voit que l'ordre juridique est aussi le contraire du désordre.

B. L'ordre étatique et ses sous-ordres

L'ordre étatique comporte le cas échéant des sous-ordres. Sans parler de certains pays où des *communautés* distinguées par des critères aussi contestables que la race ou la religion obéissent à des lois différentes, les systèmes fédéraux en administrent la meilleure preuve : aux Etats-Unis, l'ordre fédéral doit composer avec les ordres des 50 Etats, lesquels ont compétence dans des matières fort étendues et d'importance. Chacun sait qu'on divorce plus facilement à Reno (Nevada) et que la plupart des sociétés commerciales se constituent dans le Delaware qui a la législation la plus favorable en ce domaine ...

Dans un Etat unitaire, surtout si le *mal français* de la centralisation y sévit, les sous-ordres (du type : région, département, commune) sont beaucoup plus pâles. Pour l'essentiel, la loi reste la même sur la totalité du territoire, les différences n'affectant que les questions de gestion locale. Il n'y a donc qu'un seul droit en France, même après la loi de décentralisation adoptée en 1982.

Néanmoins la France a deux *ordres* de juridictions. Les juridictions de l'ordre judiciaire (sous l'autorité de la Cour de cassation) connaissent en substance des litiges entre particuliers, donc du droit privé. Les juridictions de l'ordre administratif (sous l'autorité du Conseil d'Etat) connaissent, en substance toujours, du droit public, c'est-à-dire des litiges qui opposent les particuliers aux personnes publiques (Etat, département, etc.), voire les personnes publiques entre elles. Il y a donc là deux sous-ordres, mais de même ressort territorial puisque la distinction entre eux n'intervient que par matières. Et bien que chacun ait son particularisme, le droit français demeure un bloc dont les deux composantes se complètent et ne s'opposent que par hiatus accidentel. Exemple : l'administration n'accorde le permis de construire qu'aux projets qui respectent les règles générales d'urbanisme (droit public), mais elle le délivre « sous réserve des droits des tiers », c'est-à-dire sous réserve des servitudes d'intérêt privé consenties dans des conventions particulières (droit privé). Il y a donc, le cas échéant, un possible hiatus en ce sens que si l'ouvrage s'édifiait au mépris d'une servitude de ce type, le juge judiciaire pourrait en ordonner la démolition malgré l'autorisation administrative. Mais l'impétrant qui s'irrite de cette dualité fulminerait bien plus si l'administration avait pouvoir de méconnaître les conventions privées !

Certains pays comme les Etats-Unis ne connaissent pas cette dualité de juridictions, ce qui fait dire hâtivement qu'ils ignorent la distinction du droit public et du droit privé. En réalité la distinction est seulement moins accusée car les deux types de rapports sociaux diffèrent par nature : le mariage et les successions, le bail et la vente ne relèvent pas de la même logique que les rapports entre le citoyen et l'autorité publique.

Au vrai, la distinction du droit public et du droit privé ne disparaît que dans les systèmes de type féodal où le pouvoir repose sur la propriété privée. Car cette fois la *chose publique* (la *res publica* des Romains) n'existe plus, elle se confond avec la gestion par un propriétaire de son domaine personnel : phénomène de privatisation à côté duquel les dénationalisations de Mrs Thatcher paraîtront d'une rougissante timidité ! De cette confusion féodale, la monarchie héréditaire, là où elle subsiste, conserve une survivance puisque la dévolution de la magistrature suprême intervient selon les règles du droit successoral, c'est-à-dire selon des règles qui, aux yeux d'un républicain, font partie du droit privé.

C. L'Etat et l'ouverture sur d'autres ordres

Par nature chaque ordre juridique tendrait à englober ses sujets dans un système clos. Par chance, le développement des échanges joue en sens contraire et conduit l'ordre étatique à s'effacer devant l'ordre international ou bien encore devant un autre ordre étatique.

Soit un Italien qui saisit le juge français (supposé compétent par hypothèse) de son litige avec un citoyen français. Si quelque convention franco-italienne règle le cas, ce juge en fera application de préférence au droit français : l'article 55 de notre Constitution proclame en effet la supériorité des Traités et des conventions internationales sur le droit interne.

Et même en l'absence de convention internationale, la loi française ne devient pas nécessairement compétente. Il se peut que les principes généraux du droit français commandent d'appliquer ici la loi italienne, auquel cas le juge français va devoir se renseigner sur son contenu (qu'*a priori* il connaît mal) avant d'offrir ce spectacle étrange d'un tribunal créé par l'ordre juridique d'un Etat et qui applique la loi d'un autre. Mais pas plus étrange au fond que le renvoi par le droit à la règle de mœurs ou encore la possibilité, admise en matière commerciale, de recourir à la justice privée, celle que rendent les arbitres choisis par les parties : cette juridiction arbitrale échappe largement aux contraintes de l'ordre étatique car elle juge soit en droit (mais ce droit peut avoir un caractère international ou émaner d'un autre Etat), soit même en équité, ce qui revient à inventer un droit dans la quatrième dimension. Toutefois l'Etat a seul le pouvoir de faire exécuter la décision rendue.

§ 2. *Les autres ordres*

Classons-les en prénationaux (A), supranationaux (B) et transnationaux (C).

A. Les ordres prénationaux

La quasi évidence de l'Etat-nation fait croire à son éternité. On ne peut évidemment rien dire de l'avenir, mais dans le passé l'Etat n'a pas toujours existé. En France, il a été forgé par les premiers Capétiens et c'est du règne de Philippe le Bel que les historiens datent la mise en place d'un Etat digne de ce nom : auparavant notre société connaissait, comme toutes les autres, des phénomènes de pouvoir, mais elle ignorait l'Etat si l'on entend par là cet instrument public indépendant de la propriété privée, qui monopolise la force armée, bat monnaie, rend la justice, quadrille le pays de ses fonctionnaires, etc. Certes les cités antiques préfigurent l'Etat moderne, mais dans l'intervalle l'Etat disparaît et la nation n'existe pas encore. A cette époque, règne l'ordre féodal, c'est-à-dire une poussière d'ordres juridiques parcellisés qui s'imbriquent et se superposent de façon incompréhensible à nos yeux. Mais bien ou mal, on y rendait la justice ... Et les juges appliquaient les règles coutumières, pas plus mauvaises que d'autres.

B. Les ordres supranationaux

En laissant de côté le fédéralisme, déjà évoqué, et les empires, qui ne paraissent pas promis à un grand avenir, on évoquera l'ordre international et l'ordre communautaire.

L'ordre international a pour sujets les Etats, sujets indisciplinés qui, même s'ils s'accordent à reconnaître leur soumission au droit international, ne cessent de rechigner au stade de l'application particulière. A défaut d'un Etat mondial doté de solides institutions et disposant d'une force effective de contrainte, il n'existe pas, si l'on met à part quelques principes généraux, de véritable loi internationale parce qu'il n'existe aucune procédure permettant d'établir celle-ci à la majorité en l'imposant aux minoritaires : c'est toute la différence avec l'ordre étatique où chaque citoyen doit respecter la loi même si son député avait voté contre elle. Le droit international est donc un droit de bonne volonté où les conventions internationales ne s'appliquent qu'aux Etats signataires. Certes l'ONU prend au moins des *décisions* à la majorité, mais difficiles à appliquer en fait. Le tout dénote un ordre juridique raréfié souffrant d'imperfection congénitale. Mais la perfection n'est pas de l'essence du droit qui au contraire vit de compromis et d'à peu près. Et contrairement à ce qu'on croit, les Etats ont une conscience, qui s'appelle opinion publique : vouloir les soumettre au droit n'est donc pas une naïveté, tout au plus une preuve d'optimisme.

L'ordre communautaire instauré en Europe des Douze a davantage de pouvoirs. Doté d'institutions permanentes qui imposent aux Etats-membres des décisions *et des règles* prises à la majorité, il constitue au moins un embryon de fédéralisme, ce qu'on exprime par l'idée de supranationalité. Et malgré l'absence de gendarme européen, les Etats finissent par se soumettre. Les *règlements* communautaires émanant du Conseil ou de la Commission sont des textes directement applicables dans les Etats de la CEE. Quant aux *directives*, elles enjoignent aux Etats d'adopter telle solution tout en leur laissant la liberté des moyens juridiques. Par ces deux voies et même si tel mauvais élève se fait tirer l'oreille, l'ordre communautaire pénètre peu à peu les ordres étatiques dans les secteurs relevant du Traité de Rome (circulation des personnes, des services, des marchandises et des capitaux). Mais bien entendu chaque Etat reste pleinement souverain dans toutes matières, comme le droit de la famille ou le droit pénal, qui n'intéressent pas l'Europe : à ce point de vue, l'ordre communautaire paraîtra transnational plutôt que supranational.

A défaut d'une force armée, l'ordre communautaire a son juge (la Cour de justice des Communautés européennes) et l'ordre international aussi (Cour internationale de justice) : les décisions rendues, grâce au jeu conjugué de la pression politique et de l'opinion publique, ne restent pas forcément lettre morte, surtout dans l'ordre communautaire. Quant à la Cour européenne des droits de l'homme, dont les décisions ont un impact idéologique et finalement pratique très grand, elle traduit l'existence d'un ordre juridique à la fois plus limité quant à son secteur de compétence et plus large que l'ordre communautaire par le nombre des Etats qui ont signé la Convention.

C. Les ordres transnationaux

Certains ordres juridiques régissent une société dont les membres sont disséminés dans différents pays. Ils ont une vocation planétaire en ce qu'ils dépassent les frontières nationales, mais n'ont toutefois pour sujets qu'une partie de la population mondiale. Bien qu'il y en ait sans doute beaucoup d'autres, mais moins connus, on citera seulement trois exemples.

Primo : la société sportive. Elle regroupe, sans autre distinction, les licenciés de tous les pays et comporte un réseau serré d'institutions (Comités olympiques, fédérations, etc.). Cet ordre juridique ne règne que sur des volontaires : à la différence du citoyen qui, dès sa naissance, se voit appliquer les lois étatiques sans les avoir choisies, le sportif a choisi de pratiquer. D'où l'efficacité des sanctions, comme la suspension ou l'exclusion, qui le menacent. Et les institutions de l'ordre sportif édictent un corps de règles aussi méticuleuses que rigides dont leurs juges — les arbitres, les instances disciplinaires — font une application redoutée. Parfois les affaires du sport viennent par quelque biais devant les tribunaux de l'Etat : il y a donc des passerelles entre les deux ordres.

Secundo : l'Eglise catholique. Chacun ayant sa liberté de pensée, c'est encore une société de volontaires même si ses membres se sentent contraints par une voix venue d'en-haut. Cet ordre juridique a son code, le droit canon, et ses juridictions propres. Mais le droit canon n'a qu'un champ d'action limité parce qu'il rend à César une foule de questions trop contingentes pour entrer dans ses préoccupations d'ordre spirituel.

Tertio : les entreprises multinationales. A l'intérieur même de l'ordre étatique, on se demande si les grands feudataires de notre temps tels que banques, syndicats, groupes de sociétés ne constituent pas, surtout quand ils se dotent d'un pouvoir disciplinaire, un Etat dans l'Etat. La question présente une pertinence encore plus grande à propos de sociétés commerciales qui, à raison de leur puissance et de leur dimension internationale, ne relèvent plus de l'autorité d'aucun Etat en particulier et paraissent même secréter une sorte de droit commercial coutumier à usage propre. Ce serait alors un Etat outre l'Etat.

SECTION 2
Un *corpus* juridique

Le droit applicable à un certain groupe social se présente comme un tout cohérent. Mais en la forme, il revêt une grande diversité : les modalités bien tranchées comme le droit légiféré (§ 1), ou la coutume (§ 2) lesquelles correspondent à la distinction des civilisations écrites et orales, n'excluent pas les modalités intermédiaires (§ 3).

§ 1. *Le droit légiféré*

Certains préfèrent parler de droit écrit, par opposition au droit coutumier. Mais l'expression risque d'induire en erreur car il arrive qu'on finisse par rédiger les coutumes. Le droit légiféré, quant à lui, est écrit dès sa naissance. Il se compose de *textes* (lois, décrets, arrêtés, etc.) qui portent une ou plusieurs signatures et n'ont donc rien d'anonyme, ni de spontané : c'est du droit voulu. Bien entendu, personne ne saurait dire à brûle-pourpoint qui sont les auteurs de la loi de 1901 sur les associations. Mais s'agissant d'une loi, elle émane forcément des assemblées légiférantes de l'époque. Une recherche facile permettrait de savoir qui en a eu l'initiative, de retrouver les noms des rapporteurs ainsi que ceux des députés et sénateurs qui l'ont votée. De même les décrets portent des signatures diverses (selon les cas Président de la République, Premier ministre, ministres qui contresignent), etc.

Grâce à la certitude de son origine, le droit légiféré fait partie sans contestation possible de l'ordre juridique :

alors qu'on hésite sur la réalité de telle ou telle coutume, l'existence au moins formelle de la loi ou d'un autre texte ne souffre aucune discussion. La discussion n'a lieu, le cas échéant, que sur sa signification exacte et, en France du moins, il n'est alors pas interdit, s'agissant de la loi, de se reporter aux travaux préparatoires (rapports et débats parlementaires) pour obtenir des éclaircissements. Cela dit, un texte formellement applicable a pu rester lettre morte parce qu'inadapté aux besoins et aux mœurs, ou bien encore tomber en désuétude après des années d'application. Des auteurs l'expliquent par une sorte de coutume qui aurait abrogé le texte, mais cette thèse ne fait pas l'unanimité.

Dans bon nombre de pays et notamment en France, le droit légiféré revêt l'aspect rassurant d'une pyramide qui transpose en gros la hiérarchie des autorités publiques. Au sommet, la Constitution (qui chez nous est écrite : mais le Royaume Uni a une Constitution largement coutumière), puis la loi au sens étroit, puis le décret, les arrêtés et les circulaires ... Et nos juges font respecter cette hiérarchie des textes : le Conseil constitutionnel veille à la constitutionnalité des lois, le Conseil d'Etat annule les décrets et autres textes réglementaires contraires à la loi. En théorie rien ne dépasse dans cet alignement d'allure quasi militaire. Mais la réalité révèle une bonne dose de fantaisie. D'une part les textes incorrects s'appliquent très souvent faute d'avoir été déférés en temps utile à la censure des juridictions compétentes. D'autre part le droit non légiféré envahit de tous côtés et, en la forme au moins, bouleverse le système, — même si, quant au fond, il le complète harmonieusement. Ainsi ceux qui, comme l'Autrichien Kelsen, veulent réduire le droit *pur* à l'édifice pyramidal des normes hiérarchiquement disposées, sacrifient par esthétisme à une vision dogmatique et désincarnée du droit au regard de laquelle la métallique pyramide du Louvre passerait pour une corbeille de fleurs.

§ 2. *La coutume*

Le rôle des idéologies (A) ne facilite pas la connaissance exacte (B) de la coutume.

A. Idéologies de la coutume

La coutume a ses partisans qui lui donnent une importance exagérée et ses adversaires qui en nient carrément l'existence. En Allemagne, au début du XIXe siècle, l'Ecole historique du droit a exalté la coutume par souci de résister à la codification que Napoléon tentait, à la pointe du sabre, d'imposer en Europe. Pour cette école, le seul vrai droit découle de l'action des forces populaires, il se forme en silence par strates successives et reflète l'âme nationale. Mythologie typiquement germanique ! Les coutumes ont une technicité qui porte la marque du professionnel et leur prétendue origine populaire est un leurre.

En France, la coutume contrecarre le dogme rousseauiste et jacobin de la souveraineté nationale. Selon notre mythologie à nous, les élus de la nation doivent avoir la haute main sur la production du droit et le droit légiféré ne doit laisser aucune place au droit spontané qui, sous prétexte de formation populaire, court-circuite les canaux de la démocratie, d'ailleurs dans un sens corporatiste et réactionnaire. Mais même en France, l'Ecole sociologique ne l'entend pas ainsi, son fondateur, Auguste Comte, allant jusqu'à considérer l'assemblée légiférante comme une sorte de greffier qui écrirait sous la dictée des phénomènes sociaux ...

Voici maintenant les faits à l'état brut. Au Moyen Age, la France juridique se divise en deux zones : au nord, les pays de coutumes ; au sud, les pays de droit écrit où s'applique le droit romain. Peu à peu, des textes émanant du pouvoir central (édits, ordonnances) viendront coiffer le tout. Puis le Code civil abroge toutes coutumes antérieures, sacrifiant ainsi à une manie bien française de la table rase : mais quant à son contenu, ce code réalise une œuvre de transaction entre les anciennes coutumes (celle de Paris en particulier) et l'héritage romain. Et aucune de nos Constitutions successives ne mentionnera la coutume parmi les sources du droit. Les juristes français l'admettent néanmoins pour telle, mais du bout des lèvres et sans lui reconnaître de contenu véritable. Notons encore que les pays d'Afrique, parmi lesquels d'anciennes colonies françaises, pratiquent volontiers une dichotomie autre que celle de l'ancienne France : droit légiféré d'inspiration européenne en matière d'échanges économiques, coutumes locales en droit des personnes et de la famille.

En réalité la coutume existe partout, même en France où elle se fait pourtant discrète. Comme on l'a vu (*supra*, chap. 2, section 1, § 2), toute société même de droit légiféré connaît pour le moins, à la lisière de celui-ci, une zone quasi coutumière où les mœurs tendent à devenir coutume : cas, d'ailleurs controversé, de la coutume constitutionnelle. Mais d'abord qu'est-ce que la coutume ?

B. Connaissance de la coutume

La coutume est une source qui coule en abondance dans les anciennes sociétés, mais dont le débit est devenu pour le moins intermittent. Elle ne subsiste — quand elle subsiste — qu'au prix d'une altération de ses caractères originels, si bien que la définition qu'on en donne classiquement ne convient guère que pour le passé.

Le sens juridique du mot ne se confond pas avec le sens courant (synonyme d'habitude) encore qu'il le recoupe puisque la coutume proprement dite se forme par la répétition de pratiques sociales. La règle coutumière se définit une règle de droit ayant une forme orale (en tout cas à ses débuts) et d'origine anonyme, donc mystérieuse, mais privée pour l'essentiel. Or, en dépit de ce caractère privé, les tribunaux l'appliquent et là réside un autre mystère : la coutume s'impose-t-elle au juge ou est-elle imposée par lui ? Les spécialistes continuent d'en disputer. Selon la première thèse, la coutume régit tout un chacun à la façon des règles de mœurs dont elle est parfois proche, mais dont elle diffère en ce que le juge la reconnait pour droit et l'applique : on admirera alors qu'elle ait force contraignante malgré son absence d'estampille officielle et on attribuera cette vertu à une sorte de referendum informel et permanent, à un sentiment généralisé de l'obligatoire. Mais plus plausible est la seconde thèse, au moins dans bon nombre de cas : selon celle-ci, la coutume procède d'un précédent judiciaire dont on a perdu la trace et son crédit est à mettre au compte du phénomène jurisprudentiel (*infra*, § 3, A). Or, cette querelle d'auteurs se reflète dans l'esprit du grand public, lequel considère volontiers la coutume comme une sorte de droit facultatif, ce qui paraît contradictoire dans les termes. A quoi les juristes répliquent que la coutume est obligatoire. Mais — ajoutent-ils au prix d'une nouvelle contradiction — dans la mesure incertaine où elle existe ! En vérité, la coutume ressemble à la fameuse arlésienne.

La coutume, enseigne-t-on souvent, naît d'un usage immémorial. Or, cette proposition n'a de sens que dans les sociétés sans mémoire, c'est-à-dire de civilisation orale. En France, les coutumes ont perdu ce caractère ainsi que les autres lorsque, pour lever l'incertitude qui pesait sur leur teneur exacte, le pouvoir royal en a prescrit la rédaction. Elles qui étaient peut-être une forme de jurisprudence se cristallisent alors en quasi législation d'aspect exubérant, mais coupée de ses racines. De nos jours où l'écrit domine, que ce soit sous forme de droit légiféré ou de jurisprudence publiée, la coutume n'a plus qu'un domaine restreint, d'ailleurs controversé. Les règles anciennes d'origine coutumière sont en effet passées en jurisprudence ou en législation de sorte qu'elles ne subsistent plus guère en tant que telles. Et dans les règles nouvelles qui se forment sous nos yeux en dehors du processus législatif, on hésite à voir la marque d'une véritable coutume : en toute hypothèse, celle-ci s'affermirait au rythme désormais accéléré de la vie sociale, ne resterait orale qu'au stade des premières délibérations présidant à sa naissance et n'aurait force de droit que par sa consécration judiciaire ou arbitrale.

Quant à son contenu, la coutume révèle le plus souvent une origine professionnelle, sauf à distinguer ici entre la coutume au sens traditionnel et la coutume commerciale.

La coutume au sens traditionnel naît dans des sociétés qui ne pratiquent qu'un minimum d'échanges commerciaux (la France avant le début du mouvement communal) et elle régit en général l'ensemble de la vie juridique. Cette coutume est l'œuvre des *robins*, c'est-à-dire des gens de robe : quel que soit le moment où elle devient obligatoire — avant ou après le jugement qui l'applique —, nul ne conteste que juges, avocats et notaires aient concouru à son élaboration. Cette origine corporative ne garantit toutefois aucune indépendance à l'égard de la féodalité alors dominante : même si les juristes de l'époque ont essayé d'équilibrer les intérêts en présence, ils raisonnaient à l'intérieur d'un système socio-politique donné.

La coutume commerciale naît des pratiques suivies par les commerçants : on lui doit entre autres l'invention de la lettre de change, de l'assurance, du compte-courant, etc. ; créations considérables que, le cas échéant, le droit légiféré consacre en en systématisant les règles. C'est, dans nos sociétés surdéveloppées, la seule forme de coutume qui jouisse d'une santé florissante. Elle revêt, par la force des choses, un caractère largement international : on parle même d'une « loi des marchands » (*lex mercatoria*) qui constituerait un ordre juridique transnational, indépendant des ordres étatiques comme de l'ordre international au sens habituel du terme, — le tout sous l'égide des organisations professionnelles et des juridictions arbitrales.

Mais la thèse prête à controverse. Emanant cette fois des marchands eux-mêmes et non plus des hommes de loi, cette coutume ou prétendue telle est suspecte de masquer en réalité la politique commune aux plus puissants d'entre eux. Et il n'est pas sûr que les autres la reconnaissent pour coutume ! Or, la notion d'ordre juridique suppose que tous y compris les faibles (l'esclave dans l'ordre antique, le serf dans l'ordre féodal) admettent dans son principe la loi des forts, — quitte à militer pour en changer le contenu. En l'occurrence rien n'indique que la prétendue société des marchands constitue un bloc homogène accepté comme tel par ses membres. En vérité, les éléments d'une coutume commerciale internationale existent déjà dans certains secteurs et demeurent à l'état de nébuleuse dans d'autres.

§ 3. *Les modalités intermédiaires*

Le droit jurisprudentiel remplit cette fonction primordiale de compléter les autres droits quand il ne se substitue pas à eux (A). Et bien que n'ayant pas valeur de règle, la doctrine s'intègre au *corpus* juridique par son rôle structurant (B).

A. Le droit jurisprudentiel

La règle jurisprudentielle se définit celle qui, de façon explicite ou non, résulte de la décision particulière rendue — en principe sous forme écrite — par une certaine juridiction dans un procès donné. Elle se distingue à la fois de la coutume et du droit légiféré.

A la différence de la coutume, le droit jurisprudentiel ne naît pas toujours de la répétition : le cas échéant, un seul arrêt suffit à faire jurisprudence. Au surplus, il n'a ni la forme orale, ni l'origine anonyme et privée qui caractérisent la coutume.

Le droit jurisprudentiel se distingue aussi du droit légiféré. D'abord par son mode de formation *ad hominem*, contrairement à la loi qui (en principe !) n'est pas édictée pour ou contre une personne déterminée : la règle jurisprudentielle est générale par extrapolation au lieu de l'être par définition. Mais surtout cette règle, à la différence de la loi ou du décret, émane d'une autorité non habilitée à émettre des règles ! Ce point n'a pas manqué de troubler les esprits : si le juge n'a pas pouvoir de légiférer, comment le laisser commettre un pareil abus de fonction et surtout pourquoi reconnaître force de droit à cet abus ?

A la première question — si le juge n'a pas tort de disposer par voie générale —, on répondra que la nature des choses l'y amène sans rémission. Obligé de statuer en droit, donc selon des critères de caractère impersonnel, le juge ne peut fonder sa décision que sur un raisonnement abstrait. Obligé de motiver cette décision, il doit relater les étapes de son raisonnement de sorte que les propositions générales (du type : toute personne qui ...) viennent naturellement sous sa plume. Et alors même que, crainte d'empiéter sur les attributions du législateur, il s'ingénierait à camoufler le principe de solution qui l'anime sous un flot de considérations particulières, n'importe quel licencié en droit serait capable de reconstituer la motivation, puis de l'exprimer par induction dans des termes analogues à ceux de la loi ! Pour que la décision rendue ne prête pas à généralisation, le tribunal devrait débouter Pierre parce qu'il s'appelle Pierre et donner gain de cause à Paul parce qu'il s'appelle Paul. Or c'est précisément ce qui lui est interdit plus que quoi que ce soit d'autre ! Bref, on ne connaît aucun moyen d'empêcher que le juge ne soit, selon la forte expression du Doyen Ripert, « le législateur des cas particuliers ». Ou plutôt le seul moyen consiste à lui interdire de motiver sa décision : il en va ainsi, par exception à la règle générale, pour les arrêts d'assises et par voie de conséquence il n'existe pas de jurisprudence des Cours d'assises !

Quant à la seconde question — savoir d'où vient l'autorité de la jurisprudence —, elle donne lieu à des réponses de caractère dogmatique qui n'expliquent rien. En Grande-Bretagne où le précédent a la même valeur obligatoire qu'un texte de loi, la doctrine officielle recourt à une fiction : les juges de Sa Gracieuse Majesté ne légifèrent pas, ils se bornent à révéler et mettre en forme une prétendue coutume immémoriale qui existait à l'état latent dans les limbes de l'inconscient collectif : de sorte que la jurisprudence emprunte son autorité à la coutume ! En France, la réponse est contradictoire. On fait valoir d'une part que chez nous le précédent n'a pas force obligatoire, donc que la jurisprudence n'a en droit aucune autorité. Mais comme chacun peut voir qu'en fait elle a valeur de règle, on s'applique d'autre part à justifier ce point par la bénévolence du législateur. Puisque celui-ci, qui aurait pouvoir de désavouer la règle jurisprudentielle, a préféré s'abstenir, c'est qu'il choisit d'entériner : de sorte que la jurisprudence, dont on a commencé par nier l'autorité, emprunte son autorité à la loi ! Cette fiction continentale ne vaut ni mieux ni moins que celle d'Outre-Manche, mais on observe au passage que les juristes de tous pays ont tendance à prendre les constructions de leur esprit pour une photographie de la réalité ...

A leur décharge, il faut avouer que le problème ressemble à la quadrature du cercle. Une preuve parmi d'autres : en France, l'article 5 du Code civil interdit au juge de « prononcer par voie de disposition générale et réglementaire », alors que de son côté l'article 4 du même code lui interdit de se dérober à sa mission juridictionnelle « sous prétexte du silence, de l'obscurité ou de l'insuffisance de la loi » ! Or comment compléter la loi sans se hisser à un certain niveau de généralité et comment *dire le droit* en ne disant que des choses singulières ? Pareille contradiction ne peut donner lieu à aucune explication satisfaisante : pour en sortir, il faut sortir du système lui-même et recourir à une explication de type sociologique. Si la jurisprudence a force de règle, c'est peut-être parce que chacun s'accorde à la reconnaître pour telle et l'on retrouverait ici la même idée qui sert de fondement à la coutume. En dépit des prohibitions officielles, coutume et jurisprudence seraient des sources de droit par un effet de consensus généralisé.

Dans les pays de *Common Law* (Grande-Bretagne, Etats-Unis), la jurisprudence a longtemps été la source principale du droit avant que le droit légiféré (les *statutes*) ne prolifère là comme ailleurs. Car de nos jours, la jurisprudence, qui met plusieurs siècles à édifier une construction juridique, ne peut plus remplacer la loi, mais tout au plus la compléter. Et quel que soit le temps passé, son mode d'éclosion cas par cas l'empêche de produire des modèles de droit *organisationnel* (mise en place de l'état-civil ou d'un système fiscal par exemple).

En France, la jurisprudence est une source subsidiaire du droit, contestée dans son principe et aussi dans ses résultats à raison de l'incertitude où elle laisse le justiciable sur l'exacte portée, voire sur l'existence même de la règle. A quoi de mauvaises langues répliquent que, surtout en période d'inflation législative, les textes ne brillent pas non plus par leur clarté. Cela dit, il reste à élucider le processus de formation de la jurisprudence. Par souci de brièveté, on s'en tiendra à notre pays.

La doctrine française considère comme jurisprudence digne de ce nom celle qui émane des juridictions les plus haut placées (Conseil constitutionnel, Conseil d'Etat, Cour de cassation), à la fois pour des raisons de prestige et de hiérarchie. Ainsi la Cour de cassation exerce un contrôle hiérarchique sur les tribunaux et les cours d'appel. Elle juge non pas l'affaire, mais la décision rendue par les premiers juges ; elle ne statue pas en fait, mais en droit. Par exemple elle ne va pas rechercher si Un tel a effectivement battu sa femme car elle le tient pour admis dès lors que la cour d'appel l'a constaté. Mais elle pourra *casser* (annuler) la décision qui admettrait en droit que de battre sa femme n'est pas une faute justifiant le prononcé du divorce. On voit par là que sans la Cour de cassation, les femmes battues divorceraient dans le ressort de Strasbourg et resteraient mariées dans celui de Bordeaux ! Mais on voit aussi qu'en posant explicitement ou non que les coups au conjoint sont une cause de divorce, la *Haute* juridiction complète la loi (qui ne prévoyait pas précisément ce cas), formule une règle — évidente ici parce qu'on a choisi un exemple simpliste — et unifie le droit. Les juridictions inférieures, crainte d'encourir la cassation, se conformeront à cette directive. La Cour de cassation elle-même la respectera, dans un souci de cohérence : et de fait, les revirements de jurisprudence sont beaucoup plus rares que les modifications législatives ! Enfin, phénomène remarquable, la communauté des juristes reconnaît la règle pour obligatoire en dépit de son origine : les professeurs l'enseignent comme telle et aucun avocat ne se donnerait le ridicule de plaider que la solution, parce que purement jurisprudentielle, n'a pas force de droit. Au contraire, un bon avocat pratiquera la défense dite élastique consistant à soutenir seulement que le cas particulier de son client n'entre pas dans les prévisions de la règle jurisprudentielle. Avec un peu de chance et de solides arguments, il obtiendra une décision qui, introduisant un *distinguo* dans la règle précédente, fera jurisprudence à son tour.

Quant à savoir quels arrêts font jurisprudence, il faut, bien que cette distinction rudimentaire laisse échapper nombre de cas intermédiaires, évoquer les arrêts dits de principe et d'espèce. Dans l'arrêt de principe, la Cour de cassation — ou le Conseil d'Etat — émet une proposition en tous points semblable à un article de loi, afin que nul n'en ignore ! Tandis que l'arrêt d'espèce procède à la façon de la pieuvre, par mouvement de tentacules et jet d'encre : d'évidence, les juges ont prononcé sur des considérations particulières à l'espèce, « sans tirer à conséquence » disaient les Parlements de l'Ancien Régime, et ne souhaitent pas que quiconque s'avise de généraliser la solution. Mais en dépit de ces précautions dans un sens ou dans l'autre, il importe surtout de savoir comment l'arrêt sera reçu dans chaque cas par la communauté des juristes ...

B. La doctrine

On appelle ainsi l'ensemble des publications (traités, manuels, articles, thèses, commentaires de jurisprudence) consacrées à la science juridique. De la doctrine, les juristes parlent comme d'une entité et à juste titre car malgré les controverses qui l'agitent en surface, elle forme bloc pour l'essentiel, c'est-à-dire sur la structure générale du système. Bien qu'à la différence de la jurisprudence elle n'émette aucune règle (les auteurs formulent tout au plus des suggestions à l'adresse du juge ou du législateur), elle enveloppe les règles émises par d'autres comme le béton enveloppe son armature. A la limite, nul ne sait plus lequel soutient l'autre.

Pour mesurer le rôle de la doctrine, il suffit en guise d'expérience de faire lire le Code civil à un non juriste : c'est, à en croire le prédécesseur de Knock, un bon remède contre l'insomnie. Le malheureux lecteur ne comprendra rien, — si ce n'est qu'il faut plusieurs années pour former un juriste ! Or la doctrine joue précisément ce rôle de commenter chaque texte, en lui-même, en le confrontant avec la réalité sociale et surtout en le rapportant aux autres textes. Elle édifie une dogmatique, c'est-à-dire un ensemble explicatif. Sans elle, chaque apprenti juriste serait réduit à réinventer le droit, comme Pascal enfant avait reconstitué la géométrie « avec des ronds et des barres ». Mais le génie ne court pas les rues ... Dans les pays d'Afrique qui ne peuvent encore s'offrir le luxe d'une production doctrinale, les usagers se trouvent aux prises avec la terrifiante nudité des textes et n'ont d'autre ressource que de puiser dans la doctrine des pays européens dont leur système juridique est inspiré.

Mais à la différence de ce qui se produit dans le domaine des sciences, les auteurs ne se bornent pas, en droit, à jouer un rôle explicatif, à développer et classer les connaissances, à formuler des hypothèses, etc ... La doctrine juridique *participe à la structuration de l'ordre social*, ce qui n'arrive ni aux physiciens, ni même aux philosophes ou économistes dont les thèses n'influent que de façon très lointaine sur l'évolution de la société. Le juriste, lui, édifie, très partiellement mais de ses propres mains pourrait-on dire, le système juridique. Il faut bien voir en effet que si tout droit se veut cohérent, cette cohérence resterait un vœu pieux sans un constant et minutieux travail de coordination. Car non seulement les décisions de jurisprudence, mais les textes éclosent au coup par coup : chaque numéro de l'*Officiel* en apporte une nouvelle fournée dont nul ne croira qu'elle a été pensée en fonction de la totalité juridique française. A la doctrine revient d'élaguer, de dégager les principes, de les combiner entre eux, d'en classer les applications et surtout de coordonner le tout en résolvant les inévitables contradictions. Alors que le physicien *découvre* l'ordre préexistant qui régit le monde naturel, le juriste *invente* — en partie seulement car il n'invente pas les lois ! — mais invente tout de même l'ordre juridique. Que le lecteur ne voie là aucun narcissisme d'auteur, mais seulement l'énoncé d'une platitude, à savoir que chaque juriste participe pour sa minuscule part à la construction d'un immense édifice (le droit français, le droit allemand) dont nul ne saurait s'attribuer à soi seul la paternité. Cette construction ne résulte pas en effet de la seule déduction, mais surtout de l'induction, voire d'une déformation à partir du matériau de base que sont les articles de loi ou les arrêts de jurisprudence. Or qui induit ou déforme se livre, si peu que ce soit, à un travail d'invention.

A cette œuvre participent aussi les opinions autorisées, par exemple celles des ministres répondant aux questions écrites des parlementaires. La réponse ministérielle n'a pas valeur de règle : le ministre émet seulement un avis, mais privilégié de par la position éminente de son auteur et la compétence des services juridiques qui l'assistent. Pour dissiper toute équivoque, le ministre se prononce « sous réserve de l'appréciation souveraine des tribunaux », — auxquels il n'a évidemment pas pouvoir de donner des ordres. En clair, il se borne à imaginer la décision plausible que le juge pourrait rendre, ce qui montre le caractère doctrinal au sens large de son intervention. Mais rien n'interdit aux juges, ni d'ailleurs au législateur, de s'inspirer des opinions émises par les ministres ou les juristes de métier. En pratique, il n'arrive presque jamais que le Conseil d'Etat ou la Cour de cassation consacrent mot pour mot une opinion doctrinale. Mais à dose forte ou infinitésimale, les suggestions de la doctrine pénètrent la jurisprudence par osmose et entrent ainsi dans les faits. En somme, la doctrine ne crée pas l'ordre juridique, lequel existe sans elle, mais travaille sans relâche à son perfectionnement.

C'est du reste ce travail qui permet de concilier droit jurisprudentiel et droit légiféré, la doctrine se comportant ici à la manière du pompier incendiaire. Parce qu'elle souligne les créations du juge et sert de porte-voix à la jurisprudence, la doctrine encourage l'intrusion subversive de la règle jurisprudentielle dans un système pyramidal qui au départ ne lui réservait aucune place. Mais elle met fin à la subversion lorsqu'elle intègre l'intrus dans un paysage recomposé.

En conclusion, le droit est une création continue. Il vient de partout et pas seulement des organes officiellement chargés de le produire. Et à tant faire, mieux vaut, pour l'harmonie de l'ordre juridique, que la doctrine veuille bien lui tenir lieu de mémoire agissante.

Lire aussi : J.-D. BREDIN, « Remarques sur la doctrine », *Mélanges Hébraud*, 1981, p. 111 ; Ph. JESTAZ, « La jurisprudence, réflexions sur un malentendu », *D.* 1987, Chr. 11 ; P. LAGARDE, « Approche critique de la *lex mercatoria* », *Mélanges Goldman*, 1982, p. 124 ; SANTI ROMANO, *L'ordre juridique*, trad. L. François et P. Gothot, 1975 ; F. ZENATI, *La jurisprudence*, 1991.

CHAPITRE 4

Variables et invariance

En la forme, le droit présente des constantes remarquables, comme la règle et le procès qui paraissent d'un emploi à peu près universel. Mais par-delà cette forme, la diversité règne. Elle affecte très fortement le contenu du droit (section 1) et dans une certaine mesure ses limites (section 2).

SECTION 1
Le contenu du droit

Au XVIIIe siècle, l'Ecole dite du droit naturel a rêvé d'un droit fondé sur ce qu'on appelait alors la nature, en réalité sur la raison, et qui finirait par s'imposer à tous. Bien que la thèse eût pour véritable objet de combattre l'absolutisme, fondé quant à lui sur une certaine tradition, ses adeptes y ont cru bien au-delà de cette contingence immédiate. Seul Montesquieu avait eu et le premier l'idée que la diversité des conditions ambiantes (V. en particulier sa fameuse théorie des climats) entraînait irrémédiablement celle des systèmes juridiques.

Nous savons aujourd'hui que Montesquieu avait raison. L'illusion rationaliste (§ 1) se heurte à l'inclassable réalité (§ 2), ce qui réduit à peu la part de l'universel (§ 3).

§ 1. *L'illusion rationaliste*

Elle reposait sur plusieurs cas de ce qu'on nomme aujourd'hui acculturation, c'est-à-dire importation par un groupe social d'une culture étrangère. Pareil phénomène, lorsqu'il s'applique au droit, donne à croire que celui-ci échappe aux contingences propres à chaque civilisation. Mais malgré ses succès (A), l'acculturation juridique a aussi ses défaites (B).

A. Succès de l'acculturation juridique

Tout est venu du droit romain, très rationnel bien qu'issu, comme tous les droits, d'un certain système socio-politique, et qui — phénomène troublant — devait survivre à la chute de ce système. Dans le midi de la France, il s'est appliqué jusqu'à la Révolution. Et les Allemands l'ont conservé jusqu'à la fatidique année 1900, date où ils se sont dotés à leur tour d'un Code civil.

Son autorité ne lui venait pas d'un acte de législation, *a priori* concevable, par lequel le pouvoir en place l'aurait introduit d'un bloc. Elle procédait seulement d'une tradition incontestée, donc d'un consensus général. Tout le monde y compris les gouvernants acceptait ce droit en tant que raison écrite, comme deux et deux font quatre.

Dans le nord de l'ancienne France, s'appliquaient les coutumes, fort diverses d'une région à l'autre. Mais en raison précisément de cette diversité, les professeurs de droit jugeaient inutile de surcharger la mémoire de leurs étudiants avec les subtilités de la coutume du Beauvaisis ou de l'Orléanais. Ils enseignaient donc le droit romain, qui forme les esprits de la même façon que le latin et pour les mêmes raisons. Après quoi, les étudiants s'arrangeraient bien de la coutume quand plus tard ils s'installeraient comme avocat ou notaire à Orléans ou à Beauvais !

Le calcul n'était pas faux. Mais il reposait sur l'idée sous-jacente qu'au regard de la rationalité romaine, les coutumes avaient tort d'être ce qu'elles étaient. Or, outre qu'on discerne mal une vérité en ce domaine, il y a toujours quelque imprudence à donner tort aux faits.

Vint ensuite le Code civil, mélange de romanité et de parisianisme (puisque ses rédacteurs s'abreuvèrent aussi à la coutume de Paris). Il n'en fallait pas plus pour accréditer la thèse que la Raison majuscule, déjà en bonne partie révélée par le droit romain, venait de trouver là son incarnation définitive. Des esprits nullement obtus ont cru, de bonne foi jusqu'aux deux tiers du XIXe siècle, que le droit n'évoluerait plus. Preuve en était d'ailleurs que, premier du genre et fort bien rédigé pour l'époque, le Code Napoléon essaimait au-delà des frontières. Dès sa naissance en 1830, la Belgique l'adoptait, suivie plus tard par la Roumanie et par divers pays d'Amérique latine, sans parler des colonies françaises. Bref, on pouvait espérer que la planète entière se rallierait bientôt à notre code. Les Romains avaient inventé le droit ou peut-être l'avaient-ils découvert : car en tant que produit de la raison, il existait virtuellement avant eux, comme les mathématiques avant les Arabes. Et les compatriotes de Descartes avaient amplifié la découverte ou perfectionné l'invention ! Mais il fallut bientôt déchanter.

B. Insuccès de l'acculturation juridique

Inégale selon les lieux, la survie du droit romain devait autant à l'histoire qu'à la raison. Certes elle s'explique en bonne partie par la très forte abstraction de ce droit, qualité inhabituelle à l'époque et qui autorisait souplesse et adaptabilité. Mais du même coup, le phénomène se limitait à l'ossature, ce qui n'est pas rien mais n'est pas tout non plus. Nul ne croira que dans l'Allemagne industrielle de Bismarck, le droit romain s'appliquait *de la même façon* que sous Justinien : il avait fallu non seulement quelques grandes lois pour moderniser le système, mais surtout une foule d'adaptations jurisprudentielles qui sont toute la réalité du droit vécu.

Bien entendu l'Allemagne ni la France ne sauraient renier leur héritage romain, pas plus que l'Afrique du Nord ne peut renier sa période française. L'expérience le prouve : après importation d'un système juridique, il devient pratiquement impossible de s'en débarrasser, au moins en ce qui touche l'appareil conceptuel, car autant décider que de but en blanc on parlera désormais une autre langue. Mais ce fait prouve seulement la force des habitudes sociales et non l'universalité du modèle adopté. Les anciennes colonies anglaises restent, quant à elles, attachées aux concepts de la *common law*. Et aucun pays d'Afrique ne renie son fond africain !

Le terme d'acculturation est particulièrement exact. Ce que différents pays ont pris du Code Napoléon, c'est une culture juridique — concepts et raisonnements y attenant — plus qu'une similitude des solutions : d'ailleurs il s'agissait toujours — notation significative — de pays francophones ou parlant une langue latine. Mais au stade de l'application concrète, la diversité reparaît très vite. De même qu'une légère déviation du fusil entraîne des différences considérables au point d'impact, de même un léger écart dans l'interprétation du même texte aura, d'un pays à l'autre, un impact social très différent, bientôt suivi de modifications en chaîne. Sans parler des textes inadaptés dont l'apparente pérennité masque la désuétude.

Ce que les sociologues nomment acculturation s'appelle en langage de jardinier une greffe ou une transplantation. Or, ces opérations selon les cas réussissent ou non et le plus souvent ne réussissent qu'au prix de transformations. Dirait-on que le bordeaux et le bourgogne sont des vins américains sous prétexte qu'après le phylloxera notre vignoble fut replanté avec des cépages d'Outre-Atlantique ? Les mœurs, l'économie, la jurisprudence jouent en droit le même rôle que le terrain, le climat ou la vinification pour les vins. Au demeurant la majorité des pays ne voudraient pas de notre Code civil et ne prennent pas le chemin d'en vouloir jamais.

§ 2. *L'inclassable réalité*

Ayant abandonné l'illusion d'un modèle universel, les juristes laissent aux spécialistes du droit comparé ou *comparatistes* le soin de classer du moins les systèmes existants, soit en bloc (A), soit par secteurs (B).

A. Classifications d'ensemble

Il y a, dit-on, autant de classifications que de comparatistes, ce qui démontre à suffisance l'extraordinaire variété du droit. Et la difficulté de classer les systèmes actuels incite à laisser de côté ceux du passé. Avec toutes les précautions d'usage, on évoquera brièvement les droits d'inspiration européenne et les autres.

Les droits d'inspiration européenne comportent à l'origine deux types bien différenciés : la famille romano-germanique et les pays de *common law*. A quoi il avait fallu ajouter la famille, nouvelle venue, des droits socialistes, dont on ne dira rien puisque nul ne sait ce qui va en advenir aujourd'hui.

Les droits romano-germaniques (Europe occidentale continentale, Amérique latine, plus certains pays en Afrique et en Asie) occupent un spectre entre deux modèles théoriques qui ne sont plus en vigueur nulle part : celui du droit romain et celui des anciennes coutumes germaniques. L'Italie et l'Espagne sont plus proches du premier, les pays scandinaves du second. France, Suisse et Allemagne tiennent le milieu, — l'Allemagne se montrant à cet égard moins *germanique* que la Norvège (vanité des étiquettes !).

Née en Grande-Bretagne, la *common law* régit à peu près tous les pays de langue anglaise et au premier chef les Etats-Unis. Elle représente, pour le juriste français qui traverse le Channel, un autre monde, ce qui étonne d'autant plus que les deux pays ont un niveau de développement très voisin. On le résumera par boutade en disant que le droit anglais conduit à gauche et mesure en pieds.

Et que dire des *autres* systèmes dont l'altérité révèle qu'ils constituent, dans la classification, une catégorie résiduelle ! Unis par leur origine extra-européenne, en somme par la seule ignorance que nous en avons, ils forment à la vérité une collection disparate : droits africains, musulmans, extrême-orientaux et encore le droit indien qui occupe un casier à lui seul. Disparate et d'ailleurs mélangée car certains pays (Afrique, Japon) ont procédé à des importations considérables de droit romano-germanique. Au demeurant faut-il encore ranger le capitaliste Japon sous la même rubrique que la Chine communiste ? Nul, en Occident, n'a vraiment la réponse.

D'une façon générale, toute classification d'ensemble se révèle sommaire. Ainsi la famille romano-germanique a pu, à une certaine époque, comprendre des pays alors totalitaires (Italie, Allemagne, Espagne) aussi bien que la très démocratique Suisse et la Suède sociale-démocrate. D'où l'idée de se tourner peut-être vers des classifications sectorielles.

B. Classifications par secteurs

Elles raviraient les amateurs de mosaïques. On peut songer à distinguer selon la forme du gouvernement : Montesquieu après Aristote s'y était essayé, mais il faudrait actualiser les critères (multipartisme ou parti unique). Ou bien selon que les droits de l'homme sont méconnus ou à peu près respectés ; selon que l'administration est toute puissante ou soumise au droit, etc. Ceci pour le droit public.

Le droit privé permet d'encore plus nombreuses combinaisons. Selon que la femme est ou non l'égale de l'homme ; selon que le mariage est monogamique ou polygamique ; selon qu'il existe ou non un droit du travail et une couverture sociale dignes de ce nom etc.

Mais pareille démarche néglige d'éventuels cas intermédiaires. Mieux vaut alors chercher les archétypes extrêmes et recourir à une analyse spectrale. En matière de régimes matrimoniaux, les extrêmes seraient la communauté universelle et la séparation totale : dans l'entre-deux, les uns sont plus séparatistes et les autres plutôt communautaires. Mais l'existence des archétypes — s'ils existent — nous ramène à une rationalité qu'on croyait perdue.

§ 3. *La part timide de l'universel*

A défaut de ressusciter la chimère rationaliste, la prudence permet tout juste d'envisager quelques hypothèses d'universalité ou d'universalisation du droit, ceci à propos des archétypes (A) ou des acquis (B).

A. Les archétypes

Alors que le droit des personnes et de la famille paraît s'enfoncer dans ses particularismes, des convergences se dessinent dans le droit qui régit les échanges économiques, où certains modèles prennent une valeur quasi universelle, — si l'on met à part les sociétés primitives. Deux raisons jouent en ce sens. D'une part l'échange a une dynamique propre et ses nécessités parfois impitoyables qui le font largement échapper aux contingences de civilisation. D'autre part il a vocation à s'internationaliser et par là-même à provoquer un brassage et une uniformisation dont lui-même bénéficie à défaut d'autres secteurs. De toute façon, la raison ou plus modestement le bon sens permettent de dégager quelques situations types.

Si la chose de X passe entre les mains de Y, ce peut être à titre définitif ou provisoire. Dans le premier cas, il y a vente, échange au sens étroit ou donation. Dans le second, plusieurs sous-hypothèses comme le prêt, le dépôt, le bail et le gage. Et les schémas de base s'arrêtent là ou peu s'en faut. Certes la pratique révèle une vaste possiblité de combinaisons ou de formules intermédiaires : comme en chimie, les corps composés varient à l'infini. Mais il y a lieu de supposer que le droit comme la chimie — ou du moins ce droit-là — repose sur un nombre limité de corps simples.

Le raisonnement tenu dans l'exemple implique d'ailleurs l'existence de deux notions primordiales : la propriété et le contrat. La première, qu'on a tenté d'abolir dans les pays socialistes, sort plutôt ragaillardie de l'épreuve. Quant au contrat (qu'on a pu comparer à la roue : simple et parfait dans son principe), chacun paraît l'admettre comme l'indiscutable traduction juridique de l'échange économique. A partir de là, rien n'interdit d'imaginer au minimum un langage commun de l'échange, une sorte d'espéranto juridique, dont on ne sait s'il constituerait un *a priori* de la raison ou plus probablement un acquis.

B. Les acquis

Rien n'étant acquis de façon définitive, il faut donc redoubler de méfiance. L'hypothèse est seulement que certains grands principes, à la fois juridiques et moraux, se dégagent progressivement à travers les longs cheminements de l'histoire jusqu'au jour où, non sans éclipses ni retours en arrière, ils finissent par acquérir une force qui les rend à peu près irréversibles. Cette hypothèse repose donc sur une autre, malheureusement contestable, celle du progrès en histoire.

Parmi les exemples, figurent en bonne place quelques piliers du droit pénal comme la répression du meurtre, du vol ou du viol. Cela paraît quasi universel ! Ajoutons-y le principe qui — en tant que principe — grandit sans cesse, celui du respect des droits de la défense : il est indispensable à toute conception tant soit peu sérieuse du procès et donc du droit.

Les droits de l'homme méritent à plus forte raison une mention spéciale. C'est au départ une idéologie née au XVIIIe siècle dans quelques esprits éclairés, en France et aux Etats-Unis. Mais bien que récente, elle a rapidement fait tâche d'huile ainsi que l'attestent, sur le même sujet, la Déclaration universelle de 1948 et la Convention européenne de 1950. Aujourd'hui, ceux-là mêmes qui dénonçaient dans ces textes une expression plus ou moins hypocrite de l'ordre occidental capitaliste semblent battre en retraite après le ralliement récent de la Russie ex-soviétique. Et même si la formulation des droits de l'homme reste fortement imprégnée par la philosophie individualiste de l'Occident, on admet de plus en plus que les valeurs défendues sous cette rubrique peuvent prétendre à l'universalité. Si l'hypothèse se confirmait et à supposer aussi que le respect de ces droits grandisse dans les faits, les adeptes du droit naturel remporteraient une victoire posthume, sauf à noter qu'il s'agirait alors non plus d'un droit naturel *a priori*, mais d'un droit progressivement acquis, de seconde nature en quelque sorte.

SECTION 2
Les limites du droit

Ainsi qu'on l'a déjà vu (*supra*, chap. 2, section 1, § 2), la frontière entre le droit et les mœurs varie selon les sociétés et les époques. Et on avait cru discerner à cette occasion l'existence de matières extrajuridiques par nature, en ce sens qu'elles relèveraient exclusivement des mœurs. En réalité, ce qui semble extrajuridique dans nos sociétés actuelles, notamment occidentales, peut intéresser le droit dans d'autres systèmes. Car le droit, par nature précisément, a vocation à s'étendre aux secteurs les plus divers de la vie sociale : quelle tentation que de légiférer sur tout et sur n'importe quoi ! Parfois même certains voudraient l'employer à régir la vie intérieure : dans l'Ancien droit français, la seule pensée de tuer le roi constituait le crime de lèse-majesté ! Mais il est vrai qu'en pratique la répression supposait tout de même un minimum d'extériorisation (ex : la révélation par Cinq-Mars de ce que De Thou *connaissait* l'existence du complot).

Les sociétés anciennes, comme le montre la lecture du Lévitique, édictent volontiers un ensemble normatif qui mélange en un même *corpus* ce qu'aujourd'hui nous appelons droit, mœurs, commandements religieux, morale et même diététique. Les auteurs discutent si en pareil cas le droit envahit les autres domaines ou s'il se trouve lui-même envahi : probablement la question n'a-t-elle aucun sens dans le contexte de l'époque.

A s'en tenir aux sociétés que nous connaissons le moins mal, celles des pays industrialisés à la fin du XXe siècle, les frontières du droit ont un tracé à peu près ferme. Mais c'est à l'intérieur même du système juridique que le droit trouve néanmoins d'autres limites : elles tiennent à la difficulté de preuve (A), plus largement aux phénomènes d'ineffectivité (B), voire à la résistance de ce qu'on appelle le non-droit (C).

A. La difficulté de preuve

Elle suscite, à l'égard de la Justice, un reproche aussi répandu qu'injustifié. « Comment ! Je lui ai prêté toutes mes économies et sous prétexte que je ne peux le prouver, le tribunal ose me débouter ! ». Et d'envisager une cohorte d'actions vengeresses ...

En vérité, l'injustice — la vraie — consisterait à condamner un plaideur sur la seule affirmation de son adversaire. C'est ce qu'aucune société ne saurait se permettre sous peine d'explosion à court terme. Il se peut au demeurant que notre homme ait dit vrai, auquel cas la morale condamne son débiteur malhonnête. Mais le droit bute ici sur un obstacle infranchissable.

Jura vigilantibus ! Il faut de la vigilance pour voir consacrer son droit. En l'occurrence, il fallait, hélas ! se ménager une preuve de l'emprunt. Cela dit, le droit vient au secours de certains plaideurs par la technique de la *présomption*, laquelle dispense d'avoir à rapporter une preuve. Le piéton victime d'un accident ne pouvant rien faire à l'avance et ayant les plus grandes difficultés à prouver après coup la faute de l'automobiliste, la Cour de cassation avait imaginé, bien avant la loi de 1985 qui règle aujourd'hui la question, de présumer la responsabilité du conducteur, — lequel pouvait toutefois renverser cette présomption en établissant un cas de force majeure : remarquable création jurisprudentielle qui corrigeait un Code civil inadapté sur ce point, parce que rédigé à une époque de civilisation rurale, et qui d'ailleurs, sous le couvert de la présomption, substituait le risque à la faute comme fondement de la responsabilité. Mais la technique de la présomption a quand même ses limites et l'on ne saurait, sur une simple allégation, présumer ni l'existence d'une dette, ni la mauvaise foi du débiteur prétendu : en bonne justice, c'est au contraire la bonne foi qui, comme l'innocence au pénal, doit se présumer.

B. Les phénomènes d'ineffectivité

Même si les juristes tâchent à l'ériger en construction intellectuelle capable de séduire par elle-même, le droit ne vaut, cela va de soi, que par son application pratique. A quoi servirait de graver dans le marbre des lois qui demeureraient lettre morte ? Mais dans les faits, tout système juridique, si perfectionné soit-il, connaît par force un important déchet qu'une étude sociologique permet de réduire sans jamais le supprimer. Cette ineffectivité a en effet des causes multiples et difficiles à combattre.

Il se peut d'abord que la loi se borne à offrir une possibilité dont les usagers ne se servent pas. Aucune loi n'oblige jamais personne à divorcer ou à fonder une société : ici le législateur lance en quelque sorte un *produit* au succès incertain. Peu importe qu'il instaure le divorce si pression des mœurs ou tabous religieux dissuadent les mal mariés de le demander. Et dans un pays sous-développé, un statut de la société anonyme ne suffira pas à faire surgir les capitaux et les techniciens. Qui légifère se donne à bon compte l'illusion de créer alors que la loi, faute d'un terreau favorable, ne prospérera pas. Elle reste néanmoins obligatoire en ce sens que chacun doit s'y conformer si les intéressés déclenchent enfin les conditions de son application. Et elle conserve, le cas échéant, son rôle idéologique : l'existence d'une loi sur le divorce habitue les esprits à la possibilité du divorce.

Même lorsqu'elle ne laisse en principe pas d'échappatoire au justiciable, la loi s'applique plus ou moins. Car le plus souvent la Justice n'a pas le pouvoir de se saisir d'elle-même en cas de manquement. Le pouvoir social, en effet, ne se donne pas les moyens d'appliquer la loi malgré l'inertie des intéressés : ne soyons pas plus royalistes que le roi et gare au spectre du totalitarisme ! Ainsi le vendeur *doit* la garantie des vices, mais si l'acquéreur n'agit pas, nul ne le peut à sa place. L'acquéreur *doit* payer le prix, mais si le vendeur ne le lui réclame pas, etc. Dans l'ensemble, il subsiste de nombreuses poches d'ineffectivité qui incitent à se demander pourquoi le justiciable renonce à son droit plutôt que de plaider :

négligence, générosité, crainte de s'user les nerfs dans un procès, fatalisme devant les lenteurs de la justice, appréhension irraisonnée face à l'appareil judiciaire, manque de temps, modicité du litige, ignorance de son bon droit, incertitude des solutions, etc. Les raisons sont multiples et enchevêtrées. Ajoutons-y la meilleure (obtention d'une transaction honorable) et la pire : la crainte de rétorsions diverses qui vont de la réprobation sociale jusqu'au contrôle fiscal, — que déclenche inexorablement en France toute action intentée contre le Trésor public ...

Ihering, juriste allemand du XIXe siècle, part de cette idée juste que le droit ne vit que pour et par sa réalisation. Il en déduit un devoir généralisé de contribuer à celle-ci. Aussi en vient-il à faire l'éloge de Shylock qui réclame en justice sa livre de chair : Shylock est peut-être un rapace, mais il aura eu le mérite de fixer la jurisprudence (à ses dépens !). Ihering exagère, fût-ce par sa complaisance envers un des mythes fondateurs de l'antisémitisme. Mais il reste vrai que l'obstination d'un plaideur rend souvent service à la collectivité : si celui-ci a réussi à obtenir une décision devant laquelle tout un chacun s'incline, cela dispense désormais de plaider et le droit triomphe. Parmi les raisons de l'ineffectivité, la modicité du litige joue souvent : en cas de préjudice mineur mais reproduit à grande échelle (défectuosité d'un objet produit industriellement), les victimes résolvent la difficulté en se groupant pour agir.

Dans certains domaines, en matière pénale notamment, la justice peut se saisir d'elle-même. Encore faut-il que la police attrape les malfaiteurs, ce qui suppose d'abord qu'elle ait connaissance des infractions : par scepticisme, les victimes de vols négligent souvent de porter plainte. D'où la naïveté de croire qu'une sanction draconienne dissuadera les délinquants. Par un effet pervers, l'excessive sévérité de la peine dissuade surtout le juge de l'appliquer : dans l'Ancien droit, les banqueroutiers devaient être ébouillantés — pas moins ! —, mais la marmite ne fonctionna jamais. Plus près de nous, la répression de l'avortement, devenue trop sévère au regard des mœurs, tombait en quasi désuétude avant que la loi de 1975 n'y apporte les importantes dérogations que l'on sait.

A l'inverse, certains textes se réveillent parfois d'un long sommeil. André Malraux réussit à remettre en vigueur un règlement oublié sur le ravalement des façades grâce aux vertus conjuguées d'une orchestration médiatique, d'une incitation fiscale et de son prestige personnel, — l'Etat donnant en outre le bon exemple de ravaler les monuments publics. De façon plus mystérieuse, il arrive que des institutions vivaces tombent en langueur, puis renaissent, mais sans cause apparente. Jouent en ce sens le besoin économique bien sûr, mais aussi des phénomènes de mode qu'on ne s'attendrait pas à trouver là.

C. Le non-droit

On appelle zone de non-droit un secteur de la vie sociale où, pour des raisons diverses, le droit ne pénètre pas ou par intermittence seulement. Cela ne signifie pas que s'y commettent des actes répréhensibles. Mis à part le cas du *milieu* — qui d'ailleurs a ses lois, mais on ne les lui envie pas —, le non-droit se caractérise plutôt par des activités qui ne sont ni conformes, ni contraires au droit, mais extérieures à lui. Et si le pouvoir juridique n'intervient pas ici, c'est souvent parce que ces activités ne présentent aucun danger social.

Le non juriste a de la peine à concevoir le non-droit, c'est-à-dire l'extra-légal, parce qu'il n'imagine pas d'autre alternative que celle du légal et de l'illégal. Or raisonnons sur le concubinage. Certes il va contre la loi lorsqu'un des deux concubins est marié : le mariage comportant une obligation de fidélité, il y a donc adultère et complicité d'adultère, avec cette sanction que l'époux bafoué peut demander le divorce à son profit (et, en théorie au moins, des dommages-intérêts au complice). En revanche, le concubinage de deux célibataires ne contrevient à aucune règle de droit. La loi l'ignore (ou plutôt l'ignorait jusqu'à une époque récente) au point que fiscalement elle le favorise par inadvertance ! Les concubins apparaissent ainsi comme des gens qui ont choisi de vivre dans le non-droit, ce qui veut dire qu'ils peuvent se séparer sans procédure ni pension. Mais ce non-droit reste partiel et le droit les rejoint un jour ou l'autre : pendant leur vie commune, lorsque la loi leur accorde quelques avantages sociaux ; et surtout après leur rupture car il arrive que les ex-concubins se disputent la garde des enfants ou la propriété des biens acquis en commun, auquel cas le juge n'a plus qu'à les départager.

Plus troublant : bien qu'ayant choisi le droit, les époux vivent souvent dans un provisoire non-droit quant à la gestion de leurs biens qu'ils mélangent sans souci du droit et sans établir de compte entre eux. C'est seulement après dissolution du mariage que le notaire fera les comptes, — et avec les héritiers en cas de dissolution par décès d'un époux. En France, tous les époux ont un régime matrimonial (la communauté pour ceux qui se marient sans contrat), mais celui-ci a un caractère largement rétrospectif.

La famille et le domicile sont en bonne partie des espaces de non-droit, mais il y en a d'autres : en garantissant une liberté ou un droit (comme la propriété), la loi nous ménage des pouvoirs de pur fait dans une sphère de libre arbitre où elle n'entre pas. Citons aussi les secteurs régis par les mœurs (mais les mœurs sont parfois du pré-droit !) et les situations dites *de amicitia*. Non sans finesse, les anciens auteurs distinguaient entre le droit et l'amitié. Certaines solutions relèvent, par nature ou par tradition bien établie, de l'amitié. Pothier, juriste d'avant le Code civil mais qui inspira les rédacteurs de celui-ci, prenait l'exemple du père qui promet un voyage à son fils en cas qu'il réussisse ses examens (de droit !). Cet engagement n'a pas valeur juridique et les tribunaux ne le sanctionneraient pas. On notera encore que les interdictions du droit, comme celle de la discrimination raciale, n'ont plus cours dans la sphère de l'amitié où chacun choisit qui il veut.

Si le droit pénétrait partout, le système deviendrait totalitaire : autrement dit, la santé d'une société postule une dose judicieuse de non-droit. D'ailleurs le droit n'a que trop tendance à nous envahir, soit par pression paperassière et bureaucratique, soit grâce à cet extraordinaire cheval de Troie qu'est l'article 1382 du Code civil selon lequel « *tout* fait *quelconque* » qui cause un dommage oblige à réparation : par ce biais, le juge pénètre dans des endroits aussi inattendus que le terrain de jeu ou la fiction romanesque (enfant qui blesse un camarade, auteur qui crée une confusion préjudiciable).

Dans le langage courant, on parle de vide juridique pour désigner non pas une zone salutaire et reposante de non-droit, mais une inadaptation de la loi en présence de nouveautés sociales, par exemple face aux nouvelles techniques de procréation. Or ce discours est insidieux : invoquer un vide revient à postuler que l'obsolescence du droit actuel confine à l'inexistence absolue, ce qui pour le moins se discute. Sans parler de celui qui voit un vide dans l'absence de solution favorable à son cas. Il y a quelques années, la presse française relatait l'histoire d'une femme stérile qui avait obtenu de sa sœur (vraie jumelle) que celle-ci se fît inséminer et lui donnât l'enfant. Ayant procréé avec son propre ovule, la sœur n'était donc pas mère porteuse, mais mère tout court. Certains journalistes dénoncèrent alors le prétendu vide d'une législation qui ne reconnaissait aucun lien de filiation entre la femme stérile et l'enfant. Mais à moins de modifier la loi et le dictionnaire, l'enfant d'une sœur, jumelle ou pas, s'appelle un neveu. Il s'agissait donc d'un cas de maternité pour autrui vieux comme le monde (quoique rajeuni par le recours à l'insémination artificielle) : or, en pareille hypothèse et jusqu'à ce jour, le droit a délibérément choisi de ne pas fonder le lien de filiation maternelle sur une simple intention de maternité, ce qui est peut-être un tort, mais sûrement pas un vide ! En réalité le vide juridique, le vrai, s'observe là où les textes ne prévoient rigoureusement rien (cas des greffes d'organes avant la loi de 1976). Il convient alors d'y mettre fin, mais seulement lorsque l'absence actuelle de réglementation présente plus d'inconvénients que d'avantages.

Lire aussi : J. Carbonnier, « L'hypothèse du non-droit », *Archives de philosophie du droit*, t. VIII, 1963, p. 55 ; R. David, *Les grands systèmes de droit contemporains*, 9e éd., 1988, par C. Jauffret-Spinosi ; R. David, « Le dépassement du droit et les systèmes de droit contemporains », *Archives de philosophie du droit*,

t. VIII, 1963, p. 3 ; Ph. JESTAZ, « L'avenir du droit naturel ou le droit de seconde nature », *RTD Civ.* 1983, 233 ; R. RODIÈRE, *Introduction au droit comparé*, 1979.

CHAPITRE 5

Technicité du droit

Dès l'abord, le droit frappe — et inquiète — les esprits par une technicité qui le rend inaccessible au profane. D'où le soupçon répandu que le pouvoir juridique s'enveloppe de mystère pour mieux s'imposer : il y aurait, chez le juge, comme une inconsciente nostalgie du sorcier avec qui il se confondait à des époques reculées. En vérité, ce reproche ne vaut qu'à l'égard d'un certain jargon de basoche inutilement ésotérique. Pour l'essentiel, la technicité du droit vient d'ailleurs : elle tient à l'extrême difficulté d'enserrer dans des formules générales une réalité sociale des plus complexes. En somme elle tient à la nature même du droit ! Et si le justiciable s'en irrite, c'est parce que le droit le régit de manière impérative. Personne en effet ne s'offusque de ce que gouverner un bateau à voiles nécessite une solide technique et pour commencer un langage d'initiés. A plus forte raison il devrait en aller de même pour l'art de gouverner la société. Mais la différence d'optique vient de ce que nul n'a l'obligation de voguer à bord d'un trimaran ...

Les amateurs d'utopies relancent de temps à autre le rêve d'un droit limpide qui s'exprimerait en quelques principes laconiques, à la fois simples et forts. Autant rêver d'une société bucolique qui seule s'accommoderait d'un pareil système. La loi de complexité sociale croissante traîne après elle le foisonnement juridique. On l'a bien vu avec le Code civil, dont la concision ravissait Stendhal (plus de 2 000 articles tout de même !), mais qui, rédigé avant la révolution industrielle, subit aujourd'hui les assauts d'une formidable marée législative. Or la technique du juriste et elle seule permet de mettre un peu d'ordre dans les matériaux juridiques : textes, anciens et nouveaux, jurisprudence ... En dépit du paradoxe, cette technique est un instrument de — relative — clarification plus encore qu'un moyen de fortifier le pouvoir en place.

Au demeurant ceux qui la détiennent ne sont pas les détenteurs du pouvoir politique (même s'il se trouve quelques avocats parmi nos députés ou ministres), mais les professionnels du droit. Autrement dit — et ce point revêt une importance capitale — il est dans la nature du droit de susciter par sa complexité une corporation de juristes qui détient le savoir et par conséquent un certain pouvoir propre. Or ce pouvoir dans une certaine mesure fait le jeu du pouvoir politique et dans une autre mesure lui sert de contre-poids, si bien que la technicité du droit influe sur le fond du droit. On étudiera dans cet esprit les instruments (section 1) et le rôle (section 2) de la technique juridique.

SECTION 1 Les instruments de la technique juridique

Le droit tire son efficacité de la charge interne de pouvoir mise dans les mots (comme la poudre dans la cartouche). Et les mots font mouche parce que leur assemblage les dirige vers la cible à atteindre. Le discours juridique comporte donc un langage (§ 1) et un raisonnement pour enchaîner les propositions (§ 2), mais aussi des constructions pour coiffer et expliciter le tout (§ 3).

§ 1. *Le langage juridique*

Ce langage comprend d'abord des mots purement juridiques, comme acquêt, hypothèque ou préciput, qui n'ont de sens qu'en droit, — à moins qu'ils ne passent dans le langage courant avec un sens dérivé (hypothèque devenant synonyme de lourde charge). Mais il comprend surtout des mots empruntés au langage courant, soit avec le même sens (père, mari, salarié), soit avec un sens différent : en droit, les meubles et les immeubles désignent respectivement, d'ailleurs en accord avec l'étymologie, les biens mobiles et immobiles. A cet égard, les terrains, maisons ou appartements sont des immeubles tandis que les bijoux, marchandises ou voitures appartiennent à la catégorie des meubles.

Toute définition a un aspect de convention, l'important étant de s'entendre sur la chose qu'elle désigne. C'est encore plus vrai en droit où les définitions ont un caractère *fonctionnel* : il ne s'agit pas ici de répertorier les choses de façon scientifique et d'après ce qu'elles sont, mais de façon pratique et en vue d'obtenir un certain résultat social. Ainsi la distinction des meubles et des immeubles ne prétend pas à la rigueur scientifique ni à la justesse grammaticale, mais tend seulement à établir une différence de régime juridique — de réglementation — fondée sur la mobilité ou l'immobilité (quitte à sous-distinguer entre terrain à bâtir, immeuble collectif ou maison individuelle lorsqu'apparaît la nécessité d'établir une différence de régime au sein des immeubles). A combiner ces notions avec celle de vol, qu'une solide tradition définit comme la *soustraction* d'une chose, il se révèle que le vol, impliquant un déplacement matériel, ne peut donc porter que sur un meuble. En conséquence le squatter commet certes une faute civile, mais non l'infraction pénale de vol : de sorte que si nous voulons l'envoyer en prison et lui fournir ainsi, sans excès d'élégance, le logis dont il a besoin, nous devrons créer une infraction spéciale. En fait, nul ne paraît le vouloir car à quoi bon édicter des sanctions dissuasives dès lors que les immeubles, du fait de leur immobilité, ne risquent pas de disparaître ? Du coup la répression du vol révèle ici son ressort profond. Et l'exemple montre bien que la réflexion sur les fondements est tout entière contenue dans l'exercice de la définition, — lequel n'a donc rien de gratuit.

Les mots du droit ne servent pas à décrire, mais à agir. Une notion courante (descriptive au départ) devient donc juridique du jour où la loi lui attache des conséquences particulières, ce qui oblige alors le juge, avec l'aide de la doctrine, à la définir en droit. Ainsi de l'ouvrage, de l'édifice ou du bâtiment, la question étant de savoir non seulement ce qu'en soi il faut entendre par ces mots (le dictionnaire peut y aider), mais surtout pour quelle raison l'ouvrage, le bâtiment ou l'édifice doivent avoir ou ne pas avoir le même statut juridique. Parfois la loi donne elle-même une définition et parfois même elle précise que sa définition vaut « au sens du présent texte » : précision presque superflue car le caractère fonctionnel du concept juridique implique que celui-ci puisse avoir un autre sens dans un autre contexte. Et le droit, du fait qu'il se construit par strates, souffre d'une incoercible polysémie. Esthétiquement regrettable, le phénomène des mots à sens multiples évite du moins les disfonctions qu'entraînerait une acception unique. Au demeurant, toute notion abstraite est un piège en ce qu'elle englobe, le cas échéant, des objets auxquels les auteurs de la définition n'avaient pas songé (fût-ce parce qu'ils n'existaient pas à l'époque) : mieux vaut alors corriger la définition que d'aboutir à des résultats absurdes. A cet égard, le juge ne saurait s'en tenir à la seule déduction et doit procéder par intuition, ce qui interdit de jamais le remplacer par un ordinateur.

En outre, le droit a besoin de *notions floues*, difficiles à définir, voire indéfinissables comme la faute, l'urgence, l'abus du droit ou la fraude. Elles jouent ce rôle indispensable d'assouplir le système, d'en corriger les aspérités, bref de réintroduire l'équité. Contrairement à ce qu'on croit, la justice est beaucoup moins raide que l'informatique !

§ 2. *Le raisonnement juridique*

Il repose, dit-on, sur la logique. Il repose en réalité sur *une* logique, qui n'est pas la logique formelle, mais là encore une logique fonctionnelle.

La logique formelle est celle qui vaut par sa forme, indépendamment de l'objet à quoi on l'applique. Soit la proposition suivante : si A est plus grand que B, et si B est plus grand que C, alors A est plus grand que C. Comme les mathématiques à qui elle ressemble beaucoup, cette proposition vaut en tout temps et en tous lieux quels que soient les objets que désignent les lettres A, B et C (par ex. les populations de New-York, Paris et Toulouse).

Pour leur part les juristes utilisent la logique formelle, mais dans une certaine mesure seulement. Car le droit n'a pas pour finalité d'établir la *validité* d'une proposition (du type : New-York est plus peuplée que Toulouse), mais d'aboutir à un certain résultat dans la recherche duquel entrent des arguments de justice et d'opportunité, l'intention du législateur, la cohérence avec d'autres solutions, etc. A preuve cette loi belge de 1919 qui interdisait de vendre moins de deux bouteilles d'alcool dans le dessein que les personnes les plus menacées par l'alcoolisme, c'est-à-dire les petits salariés payés à la semaine, soient empêchées de réunir les économies nécessaires. Logique à sa manière, c'est-à-dire en fonction d'un certain donné social et du but visé, cette loi piétinait les règles de la logique formelle car enfin si j'ai le droit de vendre trois bouteilles d'une boisson pourtant nocive, je devrais *à plus forte raison* (en logique pure) pouvoir en vendre une seule bouteille ! On voit par là que le droit repose non sur la logique pure, mais sur une logique mélangée à d'autres ingrédients.

D'ailleurs la pure logique risque de mener le juriste à un résultat désastreux ou simplement de ne mener nulle part. On a déjà cité le célèbre article du Code civil qui oblige l'auteur d'une faute à réparer le préjudice. Ce texte paraît impliquer *a contrario* que celui qui n'a pas commis de faute ne saurait avoir aucune obligation de réparer. Mais tout aussi logique — et constituant un autre pilier du raisonnement juridique —, l'interprétation par analogie conduit à mettre une réparation à la charge de celui qui cause un préjudice par son fait même non fautif. Ainsi l'application de la logique peut *a priori* conduire à deux solutions opposées entre lesquelles il faudra bien choisir. Le choix dépend en réalité des conditions sociales. En substance le raisonnement *a contrario* (pas de responsabilité sans faute) l'emporte avant la révolution industrielle. Puis l'apparition des nuisances industrielles bouleverse la perspective : dans bien des cas le pollueur a respecté les règles en vigueur et ne peut se voir reprocher en soi d'avoir installé une usine car on le féliciterait plutôt d'avoir créé des emplois. Or, bien qu'il n'ait pas commis de faute, les tribunaux le condamnent à indemniser parce que le trouble est excessif. Au-delà des solutions successivement adoptées, il faut retenir que chacune d'elles se réclamait d'excellents arguments ! La *vox populi* n'a donc pas tort de prétendre qu'en droit n'importe quelle thèse peut se soutenir. Mais elle se trompe lorsqu'elle en fait grief aux avocats qui, dans un débat souvent difficile, accomplissent tout simplement leur métier.

§ 3. *Les constructions juridiques*

Ce sont les théories (A), au sein desquelles les fictions (B) occupent une place à part.

A. Les théories

Il existe, dans le monde du droit, deux types de justifications : l'exposé des motifs et la théorie. L'exposé des motifs est une justification de fait : il fournit toutes les bonnes raisons (morales, économiques, etc.) de promouvoir un certain résultat.

La théorie, quant à elle, est une construction de l'esprit propre à justifier le résultat souhaité au regard de la technique juridique. Soit une convention franco-allemande sur le divorce, signée par les deux ministres des affaires étrangères et ratifiée par les autorités compétentes des deux pays. Le but visé, en ce qui nous concerne et sous réserve de réciprocité, est que les juges français appliquent cette convention de préférence à la loi française lorsqu'un ménage franco-allemand vient à divorcer. On peut songer à le justifier techniquement grâce à l'idée que, ratifiée avec l'autorisation du Parlement français, la convention a la valeur d'une loi française. Mais cette théorie se révèle exécrable. D'une part elle ne *colle* pas à la réalité puisqu'elle méconnait l'aspect international de la question (signature commune, réciprocité d'application). D'autre part elle conduit à des résultats désastreux : si le texte n'a que la valeur d'une loi interne, il pourra être modifié par une loi postérieure, de sorte qu'au cas où nous réformerions notre droit du divorce, cette réforme abrogerait implicitement la convention ! Pour éviter pareille absurdité — doublée d'une malhonnêteté à l'égard de l'Allemagne —, il faut recourir à une autre théorie selon laquelle l'Etat, en tant que sujet de l'ordre international, prend des engagements qui prévalent sur les lois de l'ordre juridique interne. Cette fois la théorie donne satisfaction en pratique, mais aussi en raison pure puisqu'elle ne compromet pas la cohérence intellectuelle du système. Certes elle comporte une part d'artifice en ce qu'elle assimile l'Etat à un être vivant doté de volonté, mais cet artifice ne méconnait pas la réalité politique, que tout au plus il transfigure. Tout autre est la situation en cas de fiction à l'état pur.

B. Les fictions

La fiction est une variante de théorie qui repose sur une dénégation délibérée de la réalité, mais toujours en vue d'aboutir à un résultat considéré comme souhaitable. Chacun connait cette fiction que nul n'est censé ignorer la loi. L'adage — qui sous-entend bien que presque tous l'ignorent en fait — ne relève donc pas de la méthode Coué et permet seulement d'appliquer la loi à ceux qui n'en connaissent pas le contenu. En effet comment rendre la justice si l'assassin pouvait lever les bras au ciel en arguant — sans même mentir sur ce point — qu'il n'a jamais ouvert un code pénal ?

La plus poétique des fictions est, en droit musulman, celle de l'enfant endormi dans le sein de sa mère : elle permet d'attribuer au mari une naissance intervenue quinze ou dix-huit mois après son départ pour la guerre ! Et se justifie parfaitement pour qui considère que la paix des familles doit l'emporter sur la vérité biologique.

La fiction la plus typique est peut-être la rétroactivité. Elle consiste à remonter le temps, ce qui n'est possible qu'en pensée, et à tirer de là des effet juridiques, bons ou mauvais selon les cas. La rétroactivité de la loi pénale, c'est-à-dire la condamnation d'une personne en vertu d'une loi qui n'existait pas encore au moment des faits, attenterait à tous nos principes. Mais le fonctionnaire qui reçoit en juin un avancement prenant date au 1er janvier de la même année trouvera fort agréable de percevoir un rappel de traitement ! Ces exemples démontrent que les fictions ne valent pas en soi, mais par l'usage qu'on en fait.

Le droit ne peut se passer de fictions : elles constituent, à défaut d'explication meilleure, l'ultime recours pour éviter une faille dans un univers logique. Comme le disait Sir Edward Coke à Jacques I qui n'en croyait pas ses oreilles, il existe une raison artificielle en droit.

SECTION 2
Le rôle de la technique juridique

La technique a ses ratés : fictions inutiles, théories inadaptées, concepts obscurs. On peut les éliminer. Mais elle a aussi des défauts qui lui sont inhérents et qu'on peut tout juste réduire. La version officielle présente sous un jour favorable le rôle de la technique (§ 1). Dans la réalité, les effets heureux se mélangent aux effets pervers (§ 2).

§ 1. *Le rôle officiel de la technique*

Trois missions incombent à la technique juridique : structurer la réalité sociale (A), rationaliser le système juridique (B) et adapter le droit aux besoins (C).

A. Structuration

Pour déterminer la solution de droit applicable à une situation de fait, il convient de traduire les faits en langage juridique. Le droit procède ici par *qualification*, c'est-à-dire qu'il donne une étiquette aux hommes, aux actes et aux choses. Que Mme X installe les époux Y dans un appartement acquis du temps de son défunt mari et cela devient : une veuve non remariée, agissant tant en sa qualité de propriétaire (pour sa part de communauté) que d'usufruitier (pour la part héritée de son conjoint prémourant) donne à bail un immeuble indivis à usage principal d'habitation au profit de deux époux (dont on indique le régime matrimonial), lesquels contractent ensemble l'obligation d'acquitter les loyers, de respecter la destination des lieux, etc. Inutile de continuer dans cette veine, largement exploitée par Courteline ou, dans un registre différent, par Kafka. Ces auteurs et quelques autres ont ainsi souligné l'aspect surréel du discours juridique, lequel effraie ou prête à sourire selon le contexte. Toute littérature mise à part, le droit tend à structurer notre univers à l'aide de ses propres concepts ou mieux il crée, parallèlement à l'univers réel, un univers *idéel*, qui n'a d'existence que dans l'ordre des idées, mais bien entendu fournit un modèle pour mener une action dans l'ordre des faits : modèle abstrait qui obéit à sa logique propre, modèle désincarné si l'on veut, mais qui constitue un instrument de mesure impartial pour règler des oppositions d'intérêts bien réelles.

B. Rationalisation

Ce point, déjà évoqué à maintes reprises, ne nécessite pas de très amples développements. L'art du juriste consiste à classer les solutions, à emboiter les propositions, à dégager la règle et l'exception, le principe et son corollaire, à trouver des critères, etc. Et surtout à résoudre les inévitables contradictions du système, soit en assignant à deux propositions contradictoires des domaines d'application judicieusement séparés, soit en neutralisant l'une d'elles. Grâce à quoi le système juridique évoque un véritable réseau électronique ou, diront ses détracteurs, un gigantesque filet plus ou moins rapetassé.

C. Adaptation

Travaillant sur le matériau existant, les juristes ont pour tâche, dans l'attente d'une éventuelle intervention législative, d'adapter celui-ci aux besoins nouveaux. Ce que faisaient particulièrement les Allemands du temps où le droit romain s'appliquait chez eux. A vrai dire, ils pouvaient aussi s'appuyer, en dépit du temps écoulé, sur l'œuvre technique considérable des jurisconsultes romains. Lorsque ces derniers étudiaient la garantie des vices cachés, ils prenaient tranquillement l'exemple de celui qui vend un esclave malade ou boiteux. Mais les principes qu'ils avaient dégagés peuvent encore s'appliquer aujourd'hui à la vente d'un lave-linge privé d'essorage. En somme les Romains raisonnaient dans un contexte à nos yeux malsain et en tout cas périmé, mais ils raisonnaient en bons techniciens puisque la rigueur et l'abstraction de leurs solutions ont permis de les adapter à n'importe quel objet, fût-il nouveau. Par où l'on voit aussi que la technique du droit résiste dans une large mesure aux changements de société : mais on glisse alors de l'effet heureux à l'effet pervers.

§ 2. *Les effets pervers de la technique*

Au triptyque des effets souhaitables (structuration, rationalisation, adaptation) correspond trait pour trait celui des effets pervers : déformation (A), occultation (B), rigidité (C).

A. Déformation

« Le droit, disait Giraudoux par la bouche d'Hector, est la plus puissante des écoles de l'imagination. Jamais poète n'a interprété la nature aussi librement qu'un juriste la réalité ». Pour illustrer cette formule, plus souvent citée que comprise, il n'est que de relater l'anecdote des voitures utilisées sans le consentement de leur propriétaire, puis abandonnées quelques heures plus tard. Y a-t-il vol ? Dans un premier temps, les tribunaux français répondent par la négative au motif que l'auteur de l'acte n'a pas eu l'intention de s'approprier le véhicule. Puis, devant la multiplication des cas, les juges observent que l'utilisateur temporaire du véhicule a restitué celui-ci, moins l'essence qu'il a brûlée. Et ils le condamnent pour vol d'essence, ce qui sent l'artifice car l'acte qu'il a commis n'a rien à voir avec celui de soutirer l'essence à l'aide d'un siphon et au demeurant c'est surtout d'avoir déplacé la voiture qu'on devrait lui faire grief. Enfin la Cour de cassation affine l'analyse. Tout propriétaire quelconque, rappelle-t-elle, a entre autres droits celui de renoncer à sa propriété, renonciation par laquelle il accomplit un acte — suprême — de propriétaire. Or c'est ce que fait l'utilisateur en abandonnant la voiture, marquant par là qu'il se considérait comme propriétaire de celle-ci et donc qu'il l'avait soustraite pour se l'approprier ! Grâce à ce nouvel artifice, il y a bien vol, mais cette fois de la voiture elle-même. On peut tout à la fois admirer l'ingéniosité déployée et critiquer le résultat. Bien entendu l'utilisation d'un véhicule sans l'accord de son propriétaire n'a rien de recommandable. Mais le juge déforme la réalité quand il qualifie l'utilisateur de voleur, fût-ce en lui infligeant une peine plus légère, car au casier judiciaire notre homme figure désormais sous la même rubrique que le chef d'une bande spécialisée dans le vol et la revente après maquillage des plaques, — alors que de toute évidence les deux personnages n'ont pas le même profil criminologique. Toutefois cette critique s'adresse moins aux tribunaux, qui ont cru bien faire avec les moyens du bord, qu'au législateur, qui aurait dû créer une infraction spéciale (mais de moindre gravité). Là où les pouvoirs publics ne prennent pas leurs responsabilités, le bricolage juridique menace. Un droit bien conçu réduira ce genre de déformation sans jamais pouvoir l'éliminer car il est le complément obligé de l'abstraction et de la concision ainsi d'ailleurs que le moyen de s'adapter à l'évolution des sociétés.

B. Occultation

La science, dit-on, est une langue bien faite. Mais toute technique s'apparente à une langue de bois car les mots savants édulcorent la brutalité des choses. Ainsi le langage du droit masque les enjeux réels. Qui se cache derrière le mot de débiteur ? Un pauvre hère accablé d'ennuis, un irresponsable vivant aux crochets d'autrui ou un grand de ce monde (Etat, société d'assurances) qui tarde à payer pour se faire de la trésorerie ? Qui derrière le mot de créancier ? Un usurier, une veuve dans l'attente de sa pension ou d'un maigre loyer ? A moins que créancier et débiteur ne soient simplement des commerçants qui exercent leur métier, — mais des commerçants de quelle dimension ?

La technique du droit occulte aussi la réalité du pouvoir. Que ce phénomène soit inconscient ou voulu (bien fin qui le dira !), le droit apparaît comme un art de l'euphémisme. Ainsi de l'article 2092 du Code civil selon lequel le débiteur doit « remplir son engagement sur tous ses biens ». En clair, ce texte signifie que le créancier impayé peut faire vendre en justice les biens de son débiteur et de la sorte réaliser une expropriation à des fins purement privées ! Mais il le dit de manière feutrée, peut-être afin de masquer la contradiction avec l'article 545 du même code et avec la Déclaration des droits de l'homme qui n'autorisent l'expropriation que pour cause d'utilité publique.

On ne va évidemment pas s'insurger contre la solution elle-même ! Sauf à ne pas accabler les débiteurs malchanceux (chômeurs par exemple), il faut que chacun respecte ses engagements et à tout prendre la vente forcée des biens paraîtra plus humaine que la prison pour dettes, qui a presque complètement disparu de notre droit. Mais nul ne s'empêchera de penser que la même technique d'occultation risque de servir à masquer des solutions plus contestables. Dans un célèbre ouvrage de fiction, mais qui a eu des inspirateurs ou des imitateurs réels, George Orwell a montré qu'une pratique abusive pouvait se dissimuler sous des concepts évocateurs de justice, le rationnement étant mis en œuvre par le ministère de l'Abondance, etc.

Aux yeux de Marx, le droit aurait pour fonction d'assurer la domination du mode de production capitaliste et en outre d'occulter cet état de choses par un vernis de généralité et de technicité. La thèse comporte une part évidente de vérité ainsi qu'une autre, tout aussi évidente, d'exagération. Derrière le langage épuré du Code civil, se profile à coup sûr un ordre bourgeois. Mais l'occultation ne joue pas à sens unique : avant même que la pensée socialiste n'ait proposé de supprimer l'héritage et bien après qu'elle y a renoncé, l'institution fiscale des droits de succession le supprime de façon partielle mais durable, et en tout cas suffisamment insidieuse pour que nul n'ait l'idée de saluer cette étonnante défaite du capitalisme !

L'occultation prend parfois le visage paradoxal de l'incantation. La loi de 1989 sur les loyers proclame un droit fondamental au logement dont l'affirmation claironnante cadre assez mal avec sa mise en œuvre encore embryonnaire. A la vérité, cette loi a pour principal objet de bloquer les loyers, en quoi elle prive les bailleurs (et les modérés plus que les rapaces !) au profit des personnes déjà logées : ce que n'indique pas le fameux droit au logement ...

Selon les cas, les détenteurs de la technique juridique dénonceront le processus d'occultation ou y participeront. Ils sont en effet des clercs au sens de Benda, qui peuvent aussi bien s'efforcer de banaliser les décisions du pouvoir (ce que Benda appelle trahir) que d'en mettre à nu les ressorts.

C. Rigidité

Les notions juridiques, même forgées pour les besoins d'une certaine cause, échappent ensuite à leurs auteurs pour mener une vie propre, soit parce qu'elles prennent valeur de symbole aux yeux du public, soit surtout parce qu'elles s'intègrent au grand œuvre de rationalisation. Au bout du compte, tout le monde, juge et justiciable, devient prisonnier d'une construction dont il est impossible de tirer une brique sans provoquer des fissurations en chaine.

Le législateur lui-même est parfois impuissant. Les Anglo-américains ont développé l'institution du *trust* qui présente des avantages familiaux évidents et que l'Europe continentale rêve périodiquement d'acclimater. Mais le trust, qui repose sur les concepts de la *common law*, heurterait le système français à de multiples endroits, si bien qu'il entraînerait le désordre et l'incertitude des solutions. Dans le même ordre d'idées, les anciennes colonies françaises d'Afrique ont conservé le droit français après leur accession à l'indépendance parce qu'elles avaient des priorités plus urgentes que de refaire de fond en comble leur système juridique. Bien entendu ces pays se sont dotés de lois particulières adaptées à leurs nouveaux besoins, mais ces lois doivent alors s'intégrer à un certain schéma conceptuel : autant dire que le législateur, en dépit de l'indépendance, n'a pas toute sa liberté de manœuvre.

Pour conclure, la technique est en principe au service des buts que s'assigne le pouvoir social. Mais c'est un serviteur têtu, impossible à congédier et dont le politique doit parfois respecter les volontés sous peine de voir ses projets s'enliser. La résistance du corps social aux réformes est souvent celle des professionnels du droit qui font rentrer l'innovation dans le rang. Et la réforme véritable est parfois celle que les juristes, à leur manière feutrée, ont glissée dans l'oreille du juge ou dans les cartons des politiques.

Lire aussi : G. Cornu, *Linguistique juridique,* 1990 ; Ch. Grzegorczyck, « Statut et fonction de la théorie dans la science du droit », *Archives de philosophie du droit,* t. XXII, 1977, p. 177 ; Ph. Jestaz, V° *Equité, Rép. civ.* Dalloz, 2e éd., 1972 ; H. Motulsky, *Principes d'une réalisation méthodique du droit privé,* 1948 ; Ch. Perelman, *Logique juridique, nouvelle rhétorique,* 1976.

CHAPITRE 6

La quête d'une science du droit

En France, le label scientifique est décerné par les spécialistes des sciences exactes qui ne le délivrent qu'à eux-mêmes, à la rigueur aux représentants des sciences humaines quantifiables. Concernant le droit, ils règlent l'affaire en quelques mots. La science a pour objet de découvrir les lois de l'univers : or les lois au sens juridique n'ont rien à voir avec les lois scientifiques puisqu'elles procèdent d'un choix ; donc il ne saurait exister de recherche en droit, dont l'étude se résumerait à apprendre par cœur les textes applicables.

Cette position étonne beaucoup à l'étranger, à cause précisément de son manque d'esprit scientifique. Elle pèche à la base, par la première proposition. La science en effet n'a pas pour unique but de découvrir des lois (au sens de corrélations nécessaires), mais plus largement de faire progresser la connaissance par l'observation des phénomènes. La science juridique a pour objet l'étude du phénomène juridique : elle se propose, à propos d'un texte quelconque, de déterminer son fondement, sa place exacte au sein du système, sa signification plausible et par conséquent la solution. Pareille recherche ne paraît facile que lorsque d'autres l'ont menée à bien. Elle permet en outre, grâce à l'appoint d'autres sciences qui ont ou n'ont pas leurs lois (histoire, économie, sociologie, démographie, ethnologie, etc.) et encore grâce aux leçons significatives du droit comparé, de prononcer des jugements de valeur, — démarche qui en soi ne fait pas partie de la science, mais qu'une science bien conçue se doit de rendre possible.

On étudiera successivement la méthode (section 1) et les objectifs (section 2) de la recherche juridique.

SECTION 1
Méthode de la recherche juridique

Le juriste digne de ce nom utilise une méthode critique (§ 1) fondée sur l'observation (§ 2).

§ 1. *Une méthode critique*

Elle implique une lutte incessante contre les deux dangers qui menacent au premier chef : l'idéalisme au sens philosophique (A) et l'illogisme (B).

A. Refus de l'idéalisme

Au sens philosophique du terme, l'idéalisme consiste à expliquer le monde par les idées, et par voie de conséquence à prendre celles-ci pour l'expression de la réalité. En droit cette démarche laisserait croire à la réalité des théories, voire des fictions. Certes personne ne croira que chacun connait la loi sous prétexte que nul n'est censé l'ignorer. Mais comme il est facile de se méprendre sur la fiction d'un mandat tacite inventé par le juge pour les besoins d'une solution équitable ! Le plus souvent, l'idéalisme procède par des voies plus discrètes. Les conventions, énonce l'article 1134 du Code civil, tiennent lieu de loi à ceux qui les ont faites. Dans la lignée de Rousseau, les auteurs du XIXe siècle justifiaient cette force obligatoire par l'idée que l'individu, libre au départ, se soumet librement à la loi contractuelle. Et sans prendre garde qu'il s'agissait là d'une pure théorie explicative, ils définissaient le contrat comme la rencontre de deux libertés, rencontre propre à satisfaire les deux parties mieux qu'un diktat venu d'en-haut. Ce que, franchissant un cran supplémentaire, un philosophe devait résumer par la formule « qui dit contractuel dit juste » ! Le raisonnement, typiquement idéaliste, fut dénoncé plus tard par une doctrine novatrice : il oubliait en effet tous ceux qui, se trouvant en position de faiblesse, signent sans le discuter un contrat imposé par leur partenaire : l'ouvrier, le consommateur, l'assuré ... Pour protéger ceux-ci, les pouvoirs publics ont restreint la liberté contractuelle en interdisant certaines clauses, voire en en imposant d'autres. Mais d'aucuns, pour préserver la théorie, expliqueront encore qu'en signant le contrat, les parties choisissent librement de se soumettre à ces contraintes de la loi et donc ont accepté les clauses obligatoires. Les idéologies ont la vie dure ! En réalité, la force obligatoire du contrat peut s'expliquer de façon scientifique, par sa nécessité sociale : pour assurer la régulation des échanges, la société doit nécessairement partir du principe, explicite ou non, que la promesse engage, — quitte à restreindre ensuite la liberté des parties pour parer à d'autres nécessités.

Les canonistes du Moyen-Age ne se souciaient pas d'une pareille démarche quand ils prohibaient le prêt à intérêt sous prétexte que le prêteur ferait payer le temps, lequel n'appartient qu'à Dieu ! A cet emboitage de pétitions de principe (existence de Dieu, propriété du temps, contre-valeur monétaire du temps), un esprit scientifique eût répondu que l'argent, comme l'immeuble, peut bien produire un loyer, que le service rendu en faisant crédit mérite salaire et surtout que les lois de l'économie se vengent quand on les transgresse : la prohibition fut sans cesse tournée ! Cette anecdote démontre les dangers du raisonnement théologique appliqué au droit.

Quel juriste pourtant ne s'est pas conduit un jour en théologien ! Chacun sait d'expérience que le garagiste peut retenir le véhicule jusqu'au paiement de la réparation. Mais en a-t-il encore le droit lorsque le vendeur à crédit de ce véhicule prétend le saisir à son profit ? Si l'on s'est posé la question, c'est parce que ce vendeur, d'après notre législation, est *réputé* avoir la possession du véhicule : fiction typique, mais d'où il pouvait résulter, en la poussant jusqu'au bout, que de son côté le garagiste était réputé ne pas détenir la voiture, ce qui lui eût alors interdit de la retenir. Dans ce conflit, la Cour de cassation a donné gain de cause au garagiste et certains le justifient par l'idée que la possession réelle doit l'emporter sur la possession fictive. Mais pourquoi pas l'inverse ? L'explication évoque la vertu dormitive de l'opium ... Or voici l'explication véritable : à supposer que le vendeur ait gagné son procès, les garagistes eûssent cessé de réparer à crédit ! Quant à l'idée que la possession réelle l'emporte, elle n'est pas fausse, mais c'est seulement une conséquence théorique de la solution, non son fondement.

Il y a parfois plus grave : quand on décide que la cour d'assises statue sans appel au motif qu'il n'est rien au-dessus de la justice du peuple (incarnée par le jury), cette vision quasi religieuse aboutit absurdement à refuser, pour les infractions les plus lourdes de conséquences, le double degré de juridiction dont bénéficie n'importe quel voleur à la tire ... C'est ici le législateur lui-même qui se comporte en théologien.

B. Refus de l'illogisme

Alors que l'idéalisme consiste à prendre la réalité du droit pour la réalité tout court, l'illogisme va jusqu'à se tromper sur la réalité même du droit. La célèbre incapacité de la femme mariée, qu'édictait le Code civil, fournit l'exemple d'une double erreur commise par les rédacteurs et les commentateurs. Sur le principe, chacun approuvera ou désapprouvera selon qu'il est misogyne ou féministe. Mais répudiant toute idéologie, l'homme de science cherche l'explication, c'est-à-dire qu'il se demande à quelle logique obéit cette incapacité. Les anciens auteurs l'expliquaient par la faiblesse du sexe (*propter imbecillitatem sexus*). Justification elle-même teintée d'imbécillité car à ce compte il aurait fallu mettre en tutelle toutes les femmes y compris les célibataires ! Le fondement véritable résidait à court terme dans la misogynie de Napoléon et moins anecdotiquement dans une volonté d'assurer la prépondérance du mari au sein du ménage. Or, avant même que de chercher — fort scientifiquement — si ce dessein correspondait à l'état actuel ou prévisible des mœurs, on pouvait remarquer, en restant à l'intérieur même de la logique napoléonienne, que le Code civil parvenait déjà au résultat voulu en conférant tous les pouvoirs au mari, sans qu'il fût par conséquent besoin d'y ajouter cette humiliante incapacité.

C'est pour n'avoir pas procédé à cette analyse que le législateur de 1938 commit en sens inverse la même bévue que les rédacteurs du code. Voulant libérer la femme, il supprima son incapacité, — mais en oubliant d'enlever au mari quelques uns de ses pouvoirs ! Par cette victoire à la Pyrrhus, la femme devenait *a priori* capable, mais restait privée de pouvoir tant sur les biens communs que sur ses biens propres ... La situation ne devait changer qu'avec les réformes de 1965 et de 1985. On conclura de cet exemple que la recherche juridique permet de poser les vrais problèmes à leur endroit exact. Et aussi que, contrairement à l'opinion répandue, il existe une forme de vérité en droit, — par rapport à la logique du système. Bien entendu la loi qui autorise — ou interdit — le divorce n'est ni vraie, ni fausse : elle ne se mesure pas à cette aune. Mais il est *faux* de dire que l'incapacité de la femme mariée tient à la faiblesse, réelle ou supposée, du sexe alors que la femme célibataire a sa pleine capacité !

§ 2. *Une méthode fondée sur l'observation*

L'observation doit porter autant sur le phénomène social (A) que sur le phénomène juridique (B).

A. Observation du phénomène social

L'élaboration des solutions juridiques suppose la connaissance des faits. Ainsi la maternité est en soi certaine, la paternité douteuse (donnée de base). Tout droit de la filiation doit donc se construire à partir du certain, c'est-à-dire de la filiation maternelle, pour tenter d'organiser ensuite l'incertain. Le légiste demande alors à la biologie la durée de la grossesse, étant précisé qu'une fois cette durée fixée dans la loi, elle devient durée légale dont le dépassement (même si le fait se produit parfois) est le cas échéant réputé impossible en droit (c'était la règle en France jusqu'en 1972) : ce genre de crispation témoigne de l'inévitable distance entre le monde juridique et le monde réel.

Cela dit, le juriste a rarement besoin de recourir aux sciences physiques et naturelles, mais plutôt de développer sa connaissance du donné social. A propos de l'incapacité de la femme mariée, la biologie ne le renseignera guère. Cette science, en effet, ne permet pas de conclure à la supériorité d'un sexe sur l'autre, la notion de supériorité impliquant d'ailleurs un jugement de valeur : tout au plus révèle-t-elle des supériorités sectorielles (mais qui vont aussi bien dans un sens que dans l'autre) et surtout des *différences*, ce qui, à tout prendre, inciterait plutôt à promouvoir une égalité de droit. Mais la question est ailleurs : elle consiste à savoir si l'état des mœurs autorise ou requiert le pouvoir absolu du mari. Cela se conçoit *a priori* dans des sociétés de nette arriération féminine, — à moins de compter précisément sur la loi pour améliorer la condition de la femme.

La tâche la plus urgente de l'observateur juriste consiste à mesurer les enjeux par-delà les concepts qui les occultent. L'emprunteur doit-il restituer la chose elle-même ou une autre équivalente ? Belle question de droit qu'a eue à trancher la Cour de cassation. Derrière elle, se profilait la lutte entre compagnies pétrolières et distributeurs. A ces derniers, les compagnies consentent des contrats exclusifs et, en prime, le prêt gratuit des cuves pour entreposer l'essence. *Timeo Danaos* ! ... Avec ce système, le pompiste de marque ne peut se dégager du contrat qu'en restituant les cuves, mais leur dépose entraine des frais tels que cette possibilité devient théorique, — si du moins le juge l'oblige à restituer la chose elle-même. C'est pourtant ce qu'a décidé la Cour de cassation et qui fait dire que la notion classique du prêt a triomphé. Mais pour qui refuse d'admettre que les notions dirigent le monde, les compagnies pétrolières ont gagné (ce qui par parenthèse leur laisse toute liberté pour fausser le jeu de la concurrence). De là à prétendre que notre droit tend à asseoir la domination des multinationales, il y a une marge : à tout le moins le dossier mériterait un examen complet dont l'ampleur dépasse cette étude. Rappelons seulement que la mise à nu de ce que Marx appelait le rapport de production (d'ailleurs en y incluant les productions extra-économiques) ne constitue qu'un des aspects d'une méthode véritablement critique, laquelle ne saurait, sans se renier elle-même, verser ensuite dans un économisme dogmatique qui érigerait ce rapport en explication exclusive de toute autre. Il convient en effet de débusquer *tous* les enjeux y compris les enjeux psychologiques, moraux ou idéologiques qui parfois pèsent aussi lourd que les autres.

B. Observation du phénomène juridique

Cette observation, qui apparaissait déjà en filigrane dans les exemples précédemment développés, repose sur une analyse structurale des institutions juridiques.

Le prêt et le dépôt sont deux contrats qui n'obéissent pas aux mêmes règles, mais qui se ressemblent extérieurement puisque dans les deux cas une personne reçoit une chose à charge de la restituer. Pour déterminer celui des deux contrats que les parties ont conclu dans un litige donné, il faut analyser de plus près la structure de chacun. En principe le prêt est conclu dans l'intérêt de celui qui reçoit la chose et qui a besoin de l'utiliser, tandis que le dépôt est conclu dans l'intérêt de celui qui remet la chose et qui a besoin qu'on la lui garde. Le critère semble donc résider en ceci que l'emprunteur peut par définition user de la chose alors que le dépositaire n'aura pas ce droit. Ce critère suffit en effet dans bon nombre d'hypothèses, mais l'expérience révèle l'existence de cas plus délicats. Dira-t-on par exemple qu'il y a prêt lorsque je confie ma voiture à un ami, mais en l'autorisant à s'en servir si d'aventure la sienne propre tombe en panne ? D'instinct chacun sent que cette solution ne satisfait pas l'esprit, mais encore convient-il d'affiner l'analyse pour aboutir à un résultat plus précis. Or l'idée que le dépôt intervient dans l'intérêt principal du déposant a pour conséquence logique que ce dernier peut exiger la restitution de la chose à tout moment, tandis que le prêteur doit en laisser l'usage pendant une certaine durée correspondant aux besoins de l'emprunteur. Le juge va donc se demander si dans l'esprit des parties la restitution devait intervenir à première demande ; et comme cela paraît probable dans l'exemple, il conclura à l'existence d'un dépôt. Au passage, la science juridique marque un progrès puisqu'elle a décelé qu'un dépôt avec autorisation éventuelle d'usage ne se transforme pas pour autant en prêt.

Bien entendu l'interprétation de la volonté des parties est une question délicate dont la solution dépend des circonstances. Mais avant de la résoudre au mieux grâce aux indices propres à chaque espèce, il fallait au préalable que cette question (obligation ou non de restituer à première demande) fût correctement posée en droit, ce qui obligeait à observer en toute rigueur la structure comparée des deux contrats. Car même si dépôt et prêt ne sont à tout prendre que des concepts, ils constituent, dans l'ordre conceptuel, des phénomènes observables : sous cet angle, le droit a une réalité propre dont l'exacte connaissance permet seule de rendre une bonne justice, à la fois cohérente et scrupuleuse.

SECTION 2
Objectifs de la recherche juridique

La science du droit, comme toute science, élabore des hypothèses. Le plus souvent, ce sont des hypothèses de caractère juridique (§ 1). Elle peut aussi risquer, plus ambitieusement, des hypothèses sur le droit (§ 2).

§ 1. *Les hypothèses en droit*

Elles prennent la forme initiale d'explications (A) qui servent à élaborer des solutions (B).

A. Les explications

C'est-à-dire en somme les théories. Elles sont particulièrement nécessaires en présence d'un texte nouveau ou d'une jurisprudence créatrice car les tribunaux doivent comprendre l'exacte portée de l'innovation afin d'en faire une judicieuse application.

Selon l'article 1165 du Code civil, les conventions n'ont d'effet qu'entre les parties : elles ne nuisent ni ne profitent aux tiers. Ce principe, au demeurant fort logique, admet comme toujours des exceptions. Or celles-ci, à partir de la fin du XIXe siècle, ont paru se multiplier. Passe encore pour la convention collective, qui reste limitée aux rapports de travail salarié. Mais comment comprendre par exemple que celui qui achète un immeuble en sachant que son vendeur avait consenti une option à un tiers soit condamné à indemniser ce tiers ? Ne fallait-il pas en déduire que le contrat (dit de promesse de vente) conclu entre ce vendeur et le bénéficiaire de l'option avait *effet* à son égard et donc lui *nuisait* ? Et par-delà cette interrogation, le juge saisi d'un litige quelconque devait-il encore appliquer l'article 1165 ou bien considérer que ce texte n'avait plus aucune valeur ? L'explication ne fut trouvée qu'à la fin des années trente, mais simultanément par deux auteurs : elle était donc « dans l'air ». Au terme de leur recherche, il convient de distinguer entre l'effet obligatoire du contrat et son existence en tant que simple élément de fait. L'effet obligatoire ne lie que les parties contractantes : le vendeur seul doit livrer la chose, le locataire seul doit payer le loyer ! ... Mais la conclusion du contrat est en soi un fait — un fait historique, pourrait-on dire — et à partir du moment où l'acquéreur en avait connaissance, son comportement devenait malhonnête puisqu'il agissait sciemment au détriment du bénéficiaire de l'option : on le condamne donc, non parce que le contrat de promesse de vente l'aurait obligé personnellement, mais par simple application du droit de la responsabilité (faute ayant entrainé un préjudice) et sans que cette solution introduise d'exception véritable à l'article 1165 ! Ce raisonnement lumineux règlait définitivement la question : aujourd'hui les étudiants l'assimilent dès leur 2e année de Faculté et les magistrats, grâce à la distinction de l'effet obligatoire et de ce qu'on appelle techniquement l'*opposabilité* du contrat, ont sur ce point les moyens d'avoir à peu de frais une jurisprudence claire, précise et cohérente, ce dont aucun plaideur ne se plaindra.

On remarque qu'en l'occurrence cette distinction ne comporte aucune part de fiction : elle ne force pas la réalité et se borne à classer dans deux catégories séparées des éléments qui ne se confondaient qu'en apparence et pas en raison pure. D'ailleurs, dans la plupart des cas, les juges ne s'y trompaient pas et donc appliquaient déjà la distinction bien qu'ils n'en eûssent pas conscience : celle-ci, en somme, a existé dans les faits avant même que les auteurs ne la formulent, ce qui montre qu'il y a place pour la découverte en droit. Mais la découverte coexiste aussi avec l'invention qui consiste à imaginer des théories à base de fiction et surtout — car c'est le but suprême — à proposer des solutions.

B. Les solutions

Le métier de juriste consiste à trouver des solutions pour pallier le silence, l'obscurité ou l'inadaptation de la loi. L'incapacité de la femme mariée, qui même à l'origine ne correspondait pas totalement à l'état des mœurs, devenait de plus en plus inadaptée au fil du temps. En pareil cas, il existe deux manières de lutter : celle du militant qui se place sur le terrain de l'idéologie ; celle, plus pragmatique, du juriste qui invente des correctifs. L'incapacité de la femme et/ou son absence de pouvoir avait pour conséquence que toute commande passée par elle auprès de son épicier devenait théoriquement nulle ! Pour éviter ce résultat, les juges avaient inventé la théorie du « mandat domestique » : la femme était censée avoir reçu un mandat tacite de son mari pour les dépenses ménagères.

Mais la loi ne se prête pas toujours à ce genre de fiction correctrice. Parfois il faut carrément réformer le système. Il fut un temps, pas si lointain, où, la famille naturelle n'ayant pas d'existence juridique, les enfants naturels n'héritaient pas de leurs grands-parents, mais seulement de leurs parents (et à supposer que le lien de filiation fût établi). Cette solution dictée par le souci de privilégier la famille légitime était présentée par les auteurs classiques comme propre à décourager les naissances illégitimes, encore que la vertu contraceptive du droit successoral restât à démontrer dans le cas particulier ! Mais sans avoir à se battre ni sur ce terrain ni sur celui de l'idéologie, la science juridique pouvait avancer un argument de pure technique à l'encontre de cette solution. Soit un enfant naturel reconnu par sa mère. Si les décès interviennent selon l'ordre normal, les grands-parents maternels disparaîtront d'abord et la mère héritera d'eux, de sorte que quand la mère disparaîtra à son tour, l'enfant héritera d'elle et par le fait recueillera les biens de ses grands-parents. Que si en revanche la mère disparaît avant ses propres parents, l'enfant ne recueillera aucun bien provenant d'eux ! Pareille contradiction condamne le système car à supposer fondée la politique de dissuasion menée par le législateur, celle-ci ne jouera que dans un cas très spécial où l'injustice de la loi vient doubler celle du sort. On voit par là qu'une simple réflexion de caractère scientifique aboutissait à proposer la suppression de la règle, suppression qui toutefois ne fut acquise qu'après un temps fort long car sans parler des pesanteurs sociales, en l'espèce assez fortes, les juristes éprouvent plus que d'autres une grande difficulté à se défaire d'un préjugé lorsque c'est la tradition juridique qui l'a déposé et cristallisé dans leur esprit.

Bien entendu les raisons de type scientifique (celles qui se fondent sur un souci de cohérence) ne sauraient dicter la solution à elles seules car même si justice et cohérence vont *a priori* de pair, il arrive aussi que la première oblige à sacrifier la seconde, auquel cas la démarche doctrinale permet du moins de le faire avec lucidité. En toute hypothèse, l'invention juridique souffre par force d'une certaine démultiplication. Le chercheur justifie (ou critique) au regard de la raison juridique, mais ne décide en aucun cas. Le pouvoir décide, mais n'éprouve pas toujours le besoin de se justifier, au moins sur ce terrain. Toutefois pareille démultiplication s'atténue à l'égard du juge.

Le juge joue un rôle fondamental dans l'invention juridique, lui seul ayant à la fois le bagage scientifique et le pouvoir de décider. Les grandes inventions du droit — grandes par leurs conséquences pratiques et modestes par leur formulation — apparaissent souvent en jurisprudence : selon les cas, le juge invente lui-même (en fournissant ou non les justifications théoriques) ou valide les inventions de la pratique, par exemple de la pratique notariale, à moins qu'il n'exploite les suggestions de la doctrine. En droit, la recherche fondamentale se transforme en recherche appliquée par le canal du juge.

§ 2. *Les hypothèses sur le droit*

Peut-on envisager des corrélations de type scientifique entre droit et autres phénomènes sociaux ? Sur ce point, la recherche relève plus de la sociologie ou de l'anthopologie que du droit, ce qui ne veut pas dire que les juristes ne doivent pas s'y atteler. En tout cas elle n'est guère avancée : à ce jour, personne n'a pu proposer aucune loi comparable à celles de l'économie. En effet, même si le droit semble fondamentalement obéir à un déterminisme social (A), force est de lui reconnaître une certaine autonomie (B) et par là peut-être un effet propre sur la société (C).

A. Déterminisme

Que dans son ensemble le droit soit un produit, cela ne peut guère se nier. En témoignent sa diversité dans le temps et dans l'espace ; et surtout le fait qu'une loi inadaptée ou utopique se heurte à un phénomène de rejet alors qu'inversement un article insignifiant prend un relief extraordinaire et devient la base de toute une construction juridique s'il correspond à un besoin social. Le temps n'est plus où les juristes se plaisaient à imaginer le législateur sous les traits d'un jardinier qui modèle à son gré le paysage. Outre qu'il faut de longues années pour faire pousser un chêne, on a pris conscience des pesanteurs de toute sorte ! Le droit apparaît plutôt comme la résultante (au sens où l'entendent les physiciens) des différentes forces sociales dont il traduit le point d'équilibre souvent précaire. Et certains se demandent s'il n'emprunte pas une partie de sa force obligatoire à la force des choses. Lorsque le salarié exécute les ordres de son employeur, cela tient-il à ce que la loi reconnaît la subordination comme un élément essentiel du contrat de travail ou n'est-ce pas plutôt parce que cette subordination découle du rapport économique ? En généralisant l'exemple — mais faut-il le généraliser ? —, on hasarderait que l'impératif juridique traduit d'abord un impératif social. Mais d'une part ce déterminisme de base ne permet de dégager aucune loi au sens scientifique du terme, tout au plus quelques tendances approximatives. Et d'autre part il se heurte à des résistances diverses.

B. Autonomie

La corrélation entre système socio-économique et système juridique ne se produit qu'aux endroits-clés. Partout ailleurs elle n'est plus qu'une simple tendance souvent précaire et elle voisine avec des survivances, incohérences et autres quiproquos qui témoignent du rôle que joue le hasard en droit.

Survivances : la routine, l'inertie, le conformisme assurent la survie de certaines règles. Et on a vu que la technique juridique, de par sa rationalité qui lui garantit une forme de neutralité, résiste aux changements de société et tend à faire figure de constante. qui ne se justifie — quand elle se justifie — que par elle-même : elle passe alors, selon les goûts, pour une donnée de la raison pure ou pour un bizarre aérolithe.

Incohérences : elles fourmillent aussi. Combien de fois voit-on le droit — loi et jurisprudence confondues — prohiber une certaine opération et en autoriser une autre presque équivalente ? En matière successorale, la question dite des *substitutions* en fournit un bon exemple, trop complexe pour qu'on le développe ici.

Quiproquos : c'est à la suite d'une erreur que le législateur condamna la clause qui, dans les prêts hypothécaires, remplace le formalisme de la saisie immobilière par une autorisation de vente amiable car à l'époque, celle de Louis-Philippe, les députés crurent adopter la solution contraire afin de favoriser l'affairisme ambiant ! Là-dessus, les tribunaux ont inventé une cote mal taillée qui leur permet d'annuler la clause par principe, mais de la valider par dérogation dans certains cas, tant et si bien que les professeurs manquent de conviction pour expliquer ce *distinguo* à leurs étudiants. Et la loi n'a jamais été modifiée ...

Quant au hasard ! ... C'est parce que Joséphine avait passé l'âge d'enfanter que Napoléon introduisit dans le Code civil les deux solutions alternatives dont il se réservait d'user pour assurer sa dynastie : l'adoption et le divorce. C'est pour complaire à son jardinier que le Maréchal Pétain, pourtant peu suspect de vouloir une société permissive, institua la légitimation des enfants adultérins ... A quoi on répondra que ces hasards n'ont eu qu'un rôle limité. La légitimation devait apparaître tôt ou tard, raison pour laquelle la IVe République conserva cet héritage de Vichy. Le divorce napoléonien venait trop tôt, raison pour laquelle les Bourbons le supprimèrent sans difficulté à la Restauration (il ne refit surface qu'en 1884, les idées ayant évolué entre temps). Il n'empêche que ces exemples — et on pourrait les multiplier : pourquoi Mustapha Kémal introduisit-il en Turquie le Code civil helvétique plutôt que le français ou l'allemand ? — interdisent d'envisager de ces corrélations absolues qui seules méritent le nom de lois scientifiques.

On oublie trop souvent que Marx commença son itinéraire par de fortes études de droit ; qu'il abandonna la matière quand il eut acquis la conviction — méritoire pour l'époque — que le moteur des sociétés résidait dans l'économie ; et qu'il s'abstint soigneusement d'y revenir parce que la part d'indéterminisme inhérente au droit dérangeait le système explicatif qu'il avait entre temps élaboré. A sa suite, plusieurs disciples (Gramsci, Althusser) ont reconnu au droit une certaine autonomie et cet aveu, consenti par les plus farouches partisans du déterminisme social, vaut toutes les cautions du monde.

C. Effet propre

De deux choses l'une : ou bien la loi demeure lettre morte ou bien elle entre effectivement en vigueur. Dans le second cas, ce résultat peut s'expliquer par sa parfaite adéquation aux besoins sociaux si bien que le déterminisme triomphe encore : on ne commande à la nature qu'en lui obéissant et le législateur obéissait donc quand il feignait de commander ! Mais le succès de la loi pourrait aussi s'expliquer par l'effet propre qu'elle produirait sur la société : pour vérifier cette hypothèse, il faut imaginer une loi arbitraire au sens scientifique du mot, en d'autres termes une loi sortie tout armée du cerveau des légistes, et qui néanmoins développerait ses effets. En vérité, l'hypothèse est quasi invérifiable car qui peut garantir que le succès de cette loi ne tient pas à quelque obscur déterminisme ? Mais elle paraît plausible. Afin de briser les circonscriptions de l'Ancien Régime (les anciennes provinces), les révolutionnaires ont créé de toutes pièces le département, qui ne correspondait à aucune réalité géographique : or ils ont si bien réussi que le département a pris aujourd'hui une indiscutable réalité ...

Ainsi la science du droit démythifie à la fois l'explication idéaliste et le rêve d'Auguste Comte pour qui la règle de droit finirait par se déduire mathématiquement du fait social : preuve que cette science a son autonomie même si elle ne fait que préparer — voire retarder — le moment, décisif en la matière, du jugement de valeur et du choix. Il est vrai que par un retour des choses le droit fait lui-même l'objet de nombreux jugements ...

Lire aussi : A.-J. ARNAUD, *Essai d'analyse structurale du Code civil français*, 1973 ; J.-L. BERGEL, *Théorie générale du droit*, 2e éd., 1989 ; Ph. JESTAZ, « La jurisprudence, ombre partie du contentieux », *D.* 1989, Chr. 149 ; Ph. MALAURIE, rapport *in* « La réaction de la doctrine à la création du droit par les juges », *Trav. Ass. Capitant*, t. XXXI, 1980, p. 81 ; A. PIROVANO, « Introduction critique au droit commercial contemporain », *RTD Com.* 1985, 219.

CHAPITRE 7

Jugements sur le droit (en guise de conclusion)

La philosophie nous apprend à distinguer entre les jugements de fait et les jugements de valeur. Le jugement de fait dit ce qu'est l'objet observé : par exemple que tel mouvement de foule est une révolte, à moins — Sire ! — que ce ne soit une révolution. Tandis que le jugement de valeur tend à porter une appréciation, dans l'exemple à décider si la foule avait raison de se rebeller. Suivant ce schéma, il faut se demander ce qu'est le droit (Section 1) avant d'en faire la critique ou l'éloge (Section 2).

SECTION 1
Jugement de fait

Au terme du chemin parcouru ensemble, le lecteur et l'auteur poseront à nouveau la double question par quoi s'ouvrait ce livre : le droit est-il et, si oui, qu'est-il ?

Le droit existe-t-il ? « Je ne sais pas si l'homme en soi existe, disait ou à peu près Joseph de Maistre. En tout cas, je ne l'ai jamais rencontré ». Alors, que dire du droit en soi ! A la vérité, Maistre savait fort bien à quoi s'en tenir sur l'existence de l'homme, mais par idéologie hostile aux révolutionnaires (selon lui, de simples révoltés !), il affectait de ne voir dans ses interlocuteurs que des bourgeois, des nobles ou des paysans et surtout pas des hommes-citoyens. De nos jours, un tiers-mondiste, d'appartenance ou de coeur, dénoncera dans le droit une hypocrite invention des pays riches tandis que les juristes de ces pays croiront tout au contraire déceler une intangible réalité derrière le concept en question : ce que les occidentaux donnent pour droit et qui se veut le contraire de l'arbitraire serait encore trop arbitrairement favorable à leurs intérêts propres.

Reste qu'au-delà de cette querelle l'étude de ce qu'on est convenu d'appeler droit révèle la présence d'un noyau dur, irréductible et universel : l'institution du juge, si l'on entend par là, avec A. Kojève, un « tiers impartial et désintéressé » chargé d'apaiser les différends. Ainsi défini, le juge existe partout, y compris dans les sociétés traditionnelles où c'est parfois le village tout entier qui en joue le rôle à travers des procédures rituelles. Et dans les sociétés modernes, on ne peut que constater l'omniprésence du juge, cette fontaine de justice qui tour à tour interprète, complète et corrige, voire invente la loi ; cette statue du Commandeur dont la seule présence incite à agir selon le droit ; cette autorité *suprême* en ce sens qu'elle exprime, met en œuvre et pour tout dire sanctionne le droit. Avec cela, homme de tous les jours qui tranche, arbitre et concilie, qui tâche à faire règner la paix — vaste programme ! — et, vaille que vaille, assure l'Etat de droit à sa manière moins claironnante que pragmatique. Frêle et puissant à la fois, ce personnage faillible comme tout un chacun a reçu cet extraordinaire pouvoir de statuer au nom de la société, mais à titre indépendant, et donc de traduire la conscience sociale en un discours qui aura force de vérité légale. La chose jugée, selon l'adage, doit être tenue pour l'expression de la vérité ! A la réflexion, on ne peut être qu'interloqué par la singularité de l'institution. Et par sa spécificité : il n'y a de juge qu'en droit et il n'y a pas de droit sans juge ou à peu près pas. Car l'exception du droit constitutionnel — dans les pays qui n'ont pas de cour constitutionnelle — confirme la règle : dans ces pays en effet, il y a des juges ordinaires et qui, avec un peu moins de timidité, pourraient s'arroger le pouvoir d'écarter les lois contraires à la Constitution. Donc le juge constitutionnel existe à l'état virtuel et ce qui prouve que le droit constitutionnel mérite en toute hypothèse son nom de droit, c'est au bout du compte sa vocation à faire l'objet d'un débat judiciaire, vocation que n'ont absolument pas les règles extrajuridiques, celles de politesse, de mœurs ou de bienséance mondaine par exemple.

Mais en admettant que le critère du juge permette d'ancrer la notion de droit, la diversité des lois ne vient-elle pas démentir aussitôt cette impression ? En réalité peu importe la très normale variété des systèmes juridiques, elle-même reflet de la diversité sociale. La véritable difficulté — elle se déplace à la suite du critère adopté — consiste plutôt à identifier le juge sous ses éventuels déguisements. Car il arrive que le juge se confonde quelque peu avec le prêtre (dans les sociétés traditionnelles) ou le chef de guerre (selon la théorie médiévale du seigneur justicier) ou l'inspecteur de police (dans la Chine ancienne), sans parler de la difficulté qu'il éprouve à se dégager du pouvoir politique : les Capétiens prétendaient garder la haute main sur la justice et après eux notre Conseil d'État fut d'abord un organe de gouvernement avant de s'ériger peu à peu en juridiction. Mais dans les sociétés industrielles, cette difficulté n'existe plus guère et si parfois l'hésitation demeure sur le caractère juridictionnel ou non de certaines commissions ou autorités, nul ne doute que ces organes doivent agir selon le droit. Sous le bénéfice de ces réserves, le point commun, nécessaire et suffisant, entre les règles de droit les plus diverses adoptées en tous temps et en tous lieux réside bien dans leur vocation à recevoir une application judiciaire. En proférant que le juge dit le droit, les juristes n'énoncent au fond qu'une tautologie : le droit (légiféré, coutumier, à plus forte raison jurisprudentiel) se résume d'une certaine façon à ce que dit — ou dirait ou dira — le juge. Et l'*homo juridicus* n'est au fond rien d'autre que le *justiciable*.

C'est un peu court, répliquera-t-on, pour répondre à la deuxième question : **qu'est-ce que le droit** ? Court, mais honnête ! Car les réponses plus circonstanciées risquent de s'enliser : il faut se faire, en effet, à cette idée que le droit est irrémédiablement pluriel, hétérogène, multiple, d'où la difficulté de le définir. Les définitions lapidaires n'expriment au mieux qu'une de ses facettes. En tentant la gageure d'embrasser du regard un maximum de facettes, on est parvenu (*supra*, chap. 1) à une définition fort lourde et néanmoins incomplète qu'un humoriste résumerait peut-être, de façon plus tautologique encore, par cette formule que le droit ... est le droit ! Presque aussi tautologique, mais avec la profondeur en plus, la définition de Norbert Rouland a le mérite d'appréhender non plus les formes, mais le contenu de la notion : est droit ce que le groupe social considère comme indispensable à sa cohérence et à sa reproduction. Cela dit, il n'est pas sûr qu'on puisse aller au-delà sans frôler l'inexactitude. Même à ne chercher qu'une définition convenant au seul droit français des années 1990 (et d'ailleurs à quoi bon cet exercice ?), on s'y perdrait encore : il y aurait des définitions de civilistes, de commercialistes, d'administrativistes, etc ... et à défaut d'un Léonard de Vinci juriste pour synthétiser le tout, les différents auteurs ne décriraient pas vraiment le même objet.

Le droit est, sous l'égide du juge, une collection d'objets hétéroclites, aux limites mal définies et aux articulations problématiques. C'est un brouet qui comprend une majeure partie de grumeaux. De là l'impossibilité, quand on en traite, d'énoncer des propositions générales bien lisses car on doit toujours distinguer, nuancer et corriger. Le droit, en effet, fourmille de duos (quand ce ne sont pas des trios ou quatuors) tels que règle et décision, loi et jurisprudence, procédure et fond du droit, ordre interne et international, etc ... Or, il s'incarne en chacun des éléments du couple ainsi qu'en leur dépassement, ceci dans des domaines disparates qui vont des rapports familiaux aux affaires d'Etat en passant par l'échange économique, la protection de l'environnement, la perception de l'impôt ou encore la répression des actes antisociaux. Le tout s'enchevètre dans un désordre indescriptible car l'ordre ne règne, en apparence au moins, qu'à l'égard de secteurs artificiellement isolés. Cela tient à ce que le droit veut épouser la vie, chose complexe et *pagailleuse* s'il en fut, avec en plus la prétention de la systématiser, prétention qui paraîtrait intolérable si elle n'était une stricte obligation de justice. Pour cette raison et quelques autres encore, le droit ne ressemble qu'à lui-même. Et bien entendu ne plait pas à tout le monde.

SECTION 2
Jugements de valeur

Les jugements sur le droit tombent dru et sans indulgence, qu'ils émanent du plaideur, du juriste lui-même ou du citoyen en général.

Le plaideur reproche au droit, ou peut-être au service public de la Justice (car il identifie les deux), les vices d'ésotérisme, de lenteur et de raideur. Les deux premiers griefs n'appellent pas de long commentaire. L'ésotérisme ne sévit pas plus en droit que dans les autres branches du savoir, mais il y est apparu plus tôt : la science du droit, parce qu'elle n'a besoin que d'instruments simples (plume et papier, livres si possible) a pu se développer à une époque où physique et astronomie, qui ont eu ensuite des résultats plus spectaculaires, balbutiaient encore. De là vient que ses tics paraissent avoir des lettres particulières de noblesse. Quant à la lenteur, elle tient au respect des droits de la défense : il faut que le plaideur puisse préparer ses arguments, déjouer les embûches, exercer des voies de recours ... Une fois pour toutes, le mythe d'une justice à la fois expéditive et bonne est à ranger dans le même tiroir que la voiture spacieuse, mais facile à garer ! Au demeurant, nul n'empêchera que dans presque tous les litiges l'un des plaideurs ait le temps pour allié et que dès lors il utilise à son profit les mécanismes — inévitablement retardateurs — qui tendent à éviter le fléau d'une justice sommaire.

La prétendue raideur du droit ou de la Justice retiendra davantage l'attention. En réalité le droit fourmille d'exceptions, de correctifs, de demi-mesures, de notions souples prêtant à interprétation, etc. tous éléments qui le compliquent sans doute (et sur ce point les juristes acceptent le reproche), mais dont il résulte que, comme l'a écrit le Doyen Carbonnier, le droit est flexible, — parce que « trop humain pour prétendre à l'absolu de la ligne droite ». Las ! Le juge a beau recourir à l'équité, sa décision a beau ne prétendre qu'à une vérité approchée (fût-ce parce que les voies de recours permettent de la corriger), bref la main de justice a beau se ganter de velours plus qu'aucun autre pouvoir, le reproche persiste. Pourtant il faut bien qu'à l'issue de tous ces atermoiements la loi et le juge accouchent d'une décision nette et nul ne conçoit que le stationnement soit un peu interdit, le Président de la République à moitié élu et le condamné à mort en partie décapité ! La légende de la raideur juridique n'a finalement d'autre intérêt que celui d'en chercher l'origine, qui réside peut-être dans la lourdeur de l'appareil judiciaire et dans le maintien solennel, voire empesé des magistrats : mais comment avoir un autre comportement quand on porte sur ses épaules la responsabilité de juger ? Et si l'opinion populaire veut insinuer que les juges ne courbent pas la nuque devant le pouvoir politique, alors on doit le prendre pour le plus beau compliment.

Le juriste, pour sa part, attaque sur un autre terrain. Il évoque, en bougonnant, le déclin du droit, mais oublie de préciser en quoi pourrait, par référence, consister le progrès du droit. Au regard d'un certain humanisme, il y a pourtant progrès lorsque le droit abandonne les peines corporelles (au premier rang la peine de mort, à l'instant évoquée) pour des sanctions plus sophistiquées ou quand les droits de l'homme bénéficient d'une meilleure application ... Techniquement parlant, il y a encore progrès lorsque la science juridique affine les concepts, perfectionne les théories et nuance les solutions. En vérité, la thèse du déclin vise surtout l'inflation législative, laquelle passe aussi pour une stagflation. On a parlé de déclin du droit à propos de textes considérés comme dérisoires, ainsi de ce réglement qui oblige le pêcheur à rejeter la truite lorsqu'elle ne mesure pas x centimètres. Mais il faut bien protéger les espèces et rien ne vaut un critère simple ! Plus judicieusement certains proposent de distinguer entre le beau droit (comme on dit du *bel canto*) et la réglementation. La réglementation se caractérise par la multiplicité des solutions de détail, par son absence quasi totale d'abstraction, par un pragmatisme à portée réduite qui coupe court à toute formé élaborée d'argumentation (la truite a ou n'a pas la taille voulue) tandis que le droit proprement dit pose des principes abstraits qui laissent place à l'art de la controverse. Ainsi cantonné, le droit ne paraît nullement en déclin même s'il comporte aujourd'hui un trop grand nombre de textes prolixes et mal rédigés car à lui seul cet inconvénient ne suffit pas à accréditer l'hypothèse. Quant à la réglementation, sa nécessité ne se discute pas et elle est à peine du droit car ni elle ne forme l'esprit (raison pour laquelle les professeurs ne l'enseignent pas), ni elle ne laisse au juge le pouvoir d'apprécier et donc de juger au vrai sens du terme.

A l'opposé du juriste qui dénonce une évolution, mais régressive, **le citoyen** taxe le droit de conservatisme. Il y voit un frein au progrès social et ce reproche ne manque pas de pertinence. Le droit, par définition même, vise à pacifier la société, donc à préserver les acquis et à donner de la sécurité. Aussi sa pratique n'incite-t-elle, tout au plus, qu'à un réformisme prudent. Mais l'étudiant en droit qui reproche à ses professeurs leur timidité d'opinion s'insurgerait à juste titre si ceux-ci modifiaient les coefficients à huit jours de l'examen ! D'une façon générale, les justiciables établissent leurs prévisions en fonction d'un certain contexte juridique que les juristes, pour cette raison, répugnent à modifier. Et ils ne sont pas les seuls : on peut, intellectuellement, prôner la révolution permanente tout en ne souhaitant pas d'avoir continuellement les peintres à la maison ! ... Ce conservatisme de base se traduit notamment par une abondance de mesures transitoires en cas de réforme législative, par la modération des revirements de jurisprudence ainsi que par des survivances plus ou moins contestables. Il a, bien entendu, ses inconvénients. Mais c'est aussi par le droit que le pouvoir fait évoluer la société ou qu'il entérine les acquis des révolutions politiques : le Code civil, à cet égard, consacrait en partie l'œuvre révolutionnaire, tout en en rejetant les innovations trop avancées pour l'époque et non sans renouer avec un substrat d'Ancien Régime qui avait fait ses preuves. Peut-être conviendrait-il de distinguer entre un droit passif-conservateur (qui veut la paix sociale) et un droit actif-transformateur, sauf à préciser tout de suite que les deux se mélangent dans la plupart des créations juridiques.

D'un point de vue global, deux conceptions du droit se heurtent : valeur suprême ou mal nécessaire. Les occidentaux tiennent en général l'Etat de droit pour synonyme de civilisation parce qu'ils n'imaginent pas d'autre alternative que la loi de la jungle ou le triomphe du droit. A l'opposé, les extrêmes-orientaux souhaitent une régulation de la société par les mœurs et ne se résignent au droit que comme moyen de lutter contre les comportements asociaux. A leurs yeux, les honnêtes gens n'ont nul besoin de droit et par exemple l'emploi de juge n'inspire, dit-on, pas plus de considération que celui, chez nous, d'indicateur de police. Entre ces deux conceptions, une position médiane voit dans le droit un instrument, favorable aux uns et défavorable aux autres : les tenants du marxisme ou ce qu'il en reste rejoignent ici, non sans paradoxe, ceux de l'ultra-libéralisme.

Pour les marxistes — et ils le déplorent — le droit est le moyen d'assurer la domination d'une classe sur une autre et il doit dépérir après l'avènement de la société sans classes. Mais outre que la prophétie se solde par un fiasco, la notion de classe n'a pas de valeur scientifique et la thèse, bien qu'elle ait eu le mérite de débusquer les luttes d'intérêts derrière l'apparente neutralité des formulations juridiques, paraîtra bien réductrice : dans la réalité le droit ne tend pas uniquement à occulter les oppositions d'intérêts, mais surtout à les apaiser au grand jour.

Pour les ultra-libéraux — et ils s'en réjouissent —, le droit ne commande au marché qu'en lui obéissant : aussi convient-il de le débarrasser des règles parasites qui entravent le libre jeu de l'économie, lequel suffirait, par le biais de la consommation, à réguler la majeure partie des rapports humains. Cette conception risquée croit trouver sa justification dans la déroute du camp opposé. Mais ce n'est pas parce que le marché se révèle aussi indispensable que la circulation sanguine qu'on doit accepter les dérapages de l'un ou l'autre, qu'ils soient économiques ou cardio-vasculaires : le droit n'est-il pas plutôt ce qui empêche le règne de la force pure, aussi bien celle des armes que de la finance ? De toute manière, rien ne sert de critiquer le droit en tant qu'expression du politique ou de l'économique car autant critiquer directement le régime politico-économique lui-même. La question véritable est de savoir si en soi le droit vaut mieux que l'absence de droit. On ne peut évidemment que la poser en laissant chacun libre de sa réponse.

Pour un occidental, le droit, c'est d'abord la forme, — une certaine procédure au sens large du terme. On ne prétend pas qu'elle suffise car une forme sans contenu n'assure pas la justice (comme en témoignent les procès politiques jugés d'avance), mais elle constitue un premier pas nécessaire. Certes il vaudrait mieux avoir le contenu sans la forme, c'est-à-dire la justice spontanée, mais quoi qu'en pensent les Chinois, cela ne se trouve pas sous le galop d'un cheval. Et l'éloge des mœurs nous laisse perplexe : elles régissent en commun l'animal et l'homme, au lieu que le droit est — tout de même — le propre de l'homme. Comme le rire, si l'on en croit Rabelais. Le droit, c'est aussi du mécanique plaqué sur du vivant. Comme le rire toujours, si l'on en croit Bergson. On ne s'étonnera après cela, ni qu'il y ait un comique juridique — en général involontaire —, ni qu'il existe un plaisir du droit, nullement forcé.

Lire aussi : H. BATIFFOL, *La philosophie du droit*, 6e éd., 1981 ; J. CARBONNIER, *Flexible droit*, 6e éd., 1988 ; G. RIPERT, *Le déclin du droit*, 1949 ; N. ROULAND, *Aux confins du droit*, 1991 ; M. VILLEY, *Philosophie du droit*, t. 1, 4e éd., 1986 et t. 2, 2e éd., 1984.

Index alphabétique

Achevé d'imprimer par

PARAGRAPHIC

31240 L'UNION (Toulouse)
Tél. (16) 61.74.27.67
Dépôt légal : Octobre 1992